本书获大连理工大学研究生教学改革与研究基金
大连理工大学教育教学改革基金资助

创新与应用语言学丛书

索绪尔学说在中国的接受

徐今 著

WUHAN UNIVERSITY PRESS
武汉大学出版社

图书在版编目(CIP)数据

索绪尔学说在中国的接受/徐今著. —武汉：武汉大学出版社，2017.12

创新与应用语言学丛书

ISBN 978-7-307-19902-6

Ⅰ.索… Ⅱ.徐… Ⅲ.索绪尔(Saussure, Ferdinand de 1857-1913)—语言学—关系—汉语—语言学—研究 Ⅳ.①H0-06 ②H1

中国版本图书馆 CIP 数据核字(2017)第 309203 号

责任编辑:白绍华　　责任校对:李孟潇　　版式设计:马　佳

出版发行：**武汉大学出版社**　(430072　武昌　珞珈山)

(电子邮件：cbs22@ whu. edu. cn　网址：www. wdp. com. cn)

印刷:虎彩印艺股份有限公司

开本:720×1000　1/16　印张:12.25　字数:177 千字　插页:1

版次:2017 年 12 月第 1 版　2017 年 12 月第 1 次印刷

ISBN 978-7-307-19902-6　定价:59.00 元

前　言

费尔迪南·德·索绪尔（F. de. Saussure）是现代语言学之父，结构主义语言学及现代符号学的奠基人，20世纪影响最为深远的语言学家。索绪尔之后的语言学基本上是以《普通语言学教程》为参照点的，是对索绪尔语言观和方法论的阐述、延伸、批评和发展。有人说，只要你研究语言学，就会在某个胡同和索绪尔相遇。

百年来，我国的索绪尔研究成绩斐然，但在研究模式上侧重“解读模式”而忽略“接受模式”，即忽略考察索绪尔学说在汉语语言学界的各种反馈。中国学者对索绪尔学说整体上持一种怎样的态度？是否吸收了索绪尔学说的精华？是否一定程度上改造或发扬了索绪尔学说？哪些学者在其中做出了突出贡献？索绪尔学说在中国的传播经历了一个怎样的过程？是否表现出一定的时代特征？等等。这些问题在解读研究模式下是不大会被考虑的。

本书旨在通过考察索绪尔学说在中国的接受情况来推进对索绪尔学说的理解，更深入地认识索绪尔学说中的精华和局限。我们相信，新的研究模式会带来不一样的发现。

全书包括四大章。第一章界定“索绪尔学说”的基本内容。本书所谓的“索绪尔学说”，指的是《普通语言学教程》反映的索绪尔对后世产生重大影响的语言思想，主要包括三方面的内容：其一，明确语言学的研究对象为共时语言学；其二，在共时语言学的框架内建构语言系统理论的大厦；其三，提出符号学的相关思想，为系统理论的导出奠定理论基础。第二章是“时代篇”，以时代为线索总结索绪尔学说在中国的引入、传播和深入的情况。第三章是“人物篇”，选择对索绪尔学说钻研最为深入且继承和发展了索绪尔学说的三位学者，考察其索绪尔思想。第四章是“理论篇”，梳理索绪尔语言思想在中国的理解、消化、吸收等情况。即全书分别从接受时代、接受学者、接受理论等三个不同的视角综合考察索绪尔学说在中国的接受。

进入 21 世纪之后，索绪尔研究不但没有过时，反倒呈现出繁荣的态势。希望本书能和 2016 年出版的拙作《索绪尔〈普通语言学教程〉精读》相互配合，让更多的人走近索绪尔，理解索绪尔。

徐　今

2017 年秋于大连理工大学

目　录

第一章　索绪尔与索绪尔学说……………………………………1

第一节　索绪尔生平……………………………………………1

第二节　索绪尔学说……………………………………………5

第二章　索绪尔学说在中国的接受——时代篇…………………47

第一节　初步引介期……………………………………………47

第二节　介绍批判期……………………………………………52

第三节　重新认识期……………………………………………56

第四节　深入拓展期……………………………………………72

第三章　索绪尔学说在中国的接受——人物篇…………………85

第一节　方光焘…………………………………………………85

第二节　高名凯…………………………………………………106

第三节　王希杰…………………………………………………126

第四章　索绪尔学说在中国的接受——理论篇…………………136

第一节　研究对象………………………………………………136

第二节　系统理论………………………………………………147

第三节　符号观…………………………………………………160

参考文献…………………………………………………………173

后记………………………………………………………………192

第一章　索绪尔与索绪尔学说

第一节　索绪尔生平

索绪尔是现代语言学、结构主义语言学及现代符号学的奠基人。他提出的语言学理论，被视为语言学历史上哥白尼式的革命，深深影响了现代语言学的发展历程，构成了现代语言学的基本内容，对其后许多新学派的建立和发展都产生过很大影响，甚至对整个人文科学都产生了深远的影响。英国语言学家罗宾斯说："索绪尔对20世纪语言学的影响是无与伦比的，可以说，是他开创了20世纪的语言学。"

费尔迪南·德·索绪尔(Ferdinand de Saussure，1857—1913)出生于瑞士日内瓦一个法国人家里。祖父是地质学和矿物学教授，父亲是地质学家和博物学家，母亲生性聪慧，是一位出色的音

乐家。

索绪尔从小受到良好的文化教养和科学思想的熏陶，并在家里一位世交——语文学者皮克戴特(A. Pictet)的指引下，学会了法语、德语、英语、拉丁语和希腊语等多种语言，后来又学习了梵语。索绪尔中学时期读到了葆扑(F. Bopp)等语言学家的著作，对语言研究产生了浓厚的兴趣，试图探索“语言的普遍系统”，14岁时就写了一篇题为《语言论》的论文，认为所有语言都起源于由两三个基本辅音构成的系统。索绪尔这种幼稚的极端简化论得到了皮克戴特热情鼓励和及时告诫。

1875年，索绪尔中学毕业后遵照家庭的意愿在日内瓦大学学习物理和化学，还同时兼听各种课程：神学、自然科学、法学等。他对各门学科所怀的兴趣，对他后来提出普通语言学的一系列观点起到了很大作用。一年之后，由于对语言学的爱好，他决心改行把语言研究作为自己将来的事业，并申请参加了刚成立不久的巴黎语言学会。

1876年，索绪尔转学到德国莱比锡大学学习语言学，莱比锡是当时欧洲语言学的“首都”。索绪尔在那结识了日后成为“青年语法学派”的勃鲁格曼(K. Brugmann)等人，而且交往甚密，并开始从事历史比较语言学的学习和研究工作。不久，索绪尔转学到柏林大学。1878年12月，年仅21岁的索绪尔发表了题为《论印欧系语言元音的原始系统》的长篇论文，这篇文章巧妙地解释了印欧语中大家认为很难解决的几个元音交替的问题，才华初露，引起了欧洲语言学界的注意。

1880年，索绪尔再回到莱比锡大学攻读博士学位，完成了博士论文《论梵语绝对属格的用法》。这是一篇技术性很强的论文，索绪尔在语言分析中显示了他对梵语和印欧语其他语言令人信服的丰富知识，探讨了当时语言学研究普遍忽视的句法问题，着眼语法格之间的关系来限定属格的价值。全体答辩委员给予索绪尔的论文评价是“已达到值得称赞的最高点的优秀论文”。意大利语言学家莫罗(T. Mauro)评论索绪尔这篇论文“提出了新的观点，语言单位的价值是相关又相对的”。一位教授在后来悼念索绪尔的文章中说："如果不是索绪尔很谦虚的话，可能出现一个年轻的考生把答辩委员会这些学者推上被质问席的情况。"那一年毕业前夕，索绪尔遇到一件趣事：莱比锡大学的一位教授见到他时问："你是那位伟大的瑞士语言学家费尔迪南·德·索绪尔的亲属吗？"

1881年索绪尔来到法国巴黎高等研究院学习，一开始他选修了米歇尔·布雷阿尔(M. Breal)、伯尔盖纳(A. Bergaine)等教授的拉丁语文献学、梵语、伊朗语等课程。教师们都觉得这位学生足以担纲授课的工作。有一次伯尔盖纳上课，讲的是索绪尔研究过的元音问题，伯尔盖纳干脆让索绪尔上讲台讲解。没几天，全体教师会议一致通过，任命索绪尔担任哥特语和古高地德语课程的讲师。这年的11月5日，索绪尔正式开始讲授"日耳曼语比较语法"课，这门课本来是著名学者布雷阿尔讲授的。布雷阿尔非常器重这位天才青年，他的主动让贤，为索绪尔开通了在法国的教学与科研之路。

从1881年到1991年，索绪尔在法国任教十年，先后讲授了哥特语和古高地德语、日耳曼语比较语法，拉丁语希腊语比较语法、立陶宛语、梵语等课程。这十年，索绪尔取得了非常卓越的教学成果，培养了一批后来成为语言学大师的学生，如比较语言学家梅耶(A. Meillet)、语音学家毛格拉蒙(M. Grammont)和帕西(P. Passy)，建立了"法兰西学派"——社会心理语言学派。

由于索绪尔在学术界的影响，巴黎的法国研究院准备授予他教授职位，这是法国的最高待遇和荣誉，也是法国学术界对索绪尔在印欧比较语言学上的崇高地位的充分肯定。然而按照法国的法律，要担任这个职位，索绪尔必须首先取得法国国籍。对祖国瑞士的强烈热爱和眷恋，和对巴黎这个西欧学术中心的深深向往，使索绪尔陷入了极大的矛盾。此时父亲对索绪尔的选择起了很大的作用，父亲为索绪尔争取到家乡日内瓦大学的印欧语比较语言学非专任教授席位，一贯重视传统的整个索绪尔家族也都希望他回国任教。索绪尔不再犹豫，决心回国。巴黎的同事们对索绪尔的离去依依不舍，在布雷阿尔、帕里斯等著名学者的建议下，法国政府同意授予索绪尔一枚里昂·德奴尔勋章，以表彰他在巴黎的业绩。

1891 年，索绪尔回国，在日内瓦大学人文社会科学系任职。自此直到 1913 年去世，他一直在该校任教。索绪尔开设过许多课程，一开始主讲梵语和印欧语课程，后期讲授日耳曼历史语言学，而特别重要的是他于 1906—1907、1908—1909、1910—1911 年间三次开设的普通语言学教程课。索绪尔在生命的最后阶段开设的这三次课程，汇聚了他一生的成果，他在开设普通语言学课程之前，已经把整个印欧系主要的语言(梵语、波斯语、希腊语、拉丁语、古日耳曼语、古高地德语、古英语)都讲授了一遍或数遍，深深知道历史比较语言学的缺陷。他认为历史比较语言学没有抓住语言的本质，不从事共时研究，而是在历时领域中研究一些细节。索绪尔在历史比较语言学的基础上提出了他的语言学新理论。

在日内瓦的这二十多年，索绪尔比较沉默孤独，很少写作，这与他的语言学思想的超前性有很大关系。他充分意识到，彻底改造一门学科的任务是异常艰巨的，事实上他生前在学术上也是孤立的。他在 1894 年 1 月 4 日写给他的学生法国语言学家梅耶的信中流露出对当时语言研究状况的失望，他感到有关语言的一些根本问题需要澄清和界定。“流行术语如此荒谬，改革流行术语的必要性，以及为此而证明语言一般说是何种对象的必要性，都会败坏我的历史兴趣，虽说我最大的心愿总的说莫过于不要我为普通语言学操心。这一切最后会勉强地写成一本书，我在书中会无精打采地解释，为什么语言学使用的术语中，我觉得没有一条术语是有什么意义的。”但同时他又对完成这一工作存有疑虑，因为他一直不满意自己已经提出的理论，始终在修正和完善它。他的普通语言学课程讲了三遍，无论是在大纲还是具体内容上都是一次比一次更为丰富和深刻，但始终没有讲稿，似乎也没有兴趣写成专著。

晚年的索绪尔，始终处在繁重的教学工作的压力之下(每周十节课以上)。1912 年夏，索绪尔在病痛压迫下离开教学讲台回乡养病，他在病床上还学习了汉语。1913 年春，索绪尔病情恶化，于 2 月 22 日与世长辞。索绪尔的学生巴利(C. Bally)和薛施蔼(A. Sechehaye)根据索绪尔三期普通语言学教程课的课堂笔记，尤以第三次所讲内容为主，编辑整理成《普通语言学教程》一书，于1916年在瑞士日内瓦出版，成为语言学史乃至学术史上一部经典著作。

第二节 索绪尔学说

索绪尔学说集中反映在《普通语言学教程》(后文简称《教程》)一书中，该书是一部划时代的巨著。自1916年在法国巴黎出版后，多次再版，先后被译成几十种文字。该书极大地促进了语言研究的深入和发展，为形成系统的现代语言学理论体系奠定了基础，语言学从此成为一门现代科学。索绪尔之后的语言学基本上是以《教程》为参照的，是对索绪尔语言观和方法论的阐述、延伸、批评和发展。

一、《教程》主要学术思想

《教程》内容丰富，不仅对诸多理论问题进行了总结，还提出了自己独到的见解。《教程》没有对任何一种语言进行详尽的描写分析，它的贡献在于为现代语言学制定了基本原则。索绪尔对后世产生重大影响的学术思想可总结为如下三个方面，后文将从这三个方面具体阐述索绪尔的语言思想。

其一，明确语言学的研究对象为共时语言。索绪尔指出，语言学碰到的第一个难题就是研究对象不好确定。他说，“无论我们从哪方面研究，语言学的完整对象都不在我们面前出现。”索绪尔主张把语言和言语这两个不同的概念区分开来，语言(langue)是言语活动(langage)减去言语(parole)。他认为语言是抽象的语法规则和词汇系统，潜存于人们的意识之中，是社会产物，不从属于某一个人。言语是说出来的话或写出来的文章，因此运用同一语言的人很少有同样的言语。言语是由个人通过运用语法规则将语言单位组织起来的结果，因此言语是语言的具体体现，而语言则是言语的抽象。虽然言语是可以直接观察到的语料，但语言学真正的研究对象是语言集团的语言。索绪尔认为区分语言和言语是建立语言理论面临的“第一条分岔路”。在区分了语言和言语之后，索绪尔又将共时(synchronie)同历时(diachronie)区别开来，认为两者的区分是“第二条分叉路”，这一区分强化了语言和言语的区分。索绪尔强调共时性研究的重要性，强调语言除了有自身的历史之外，还客观地存在着当前的结构属性，这在语言学中是一次巨大的变革。所谓共时研究，是把语言作为在特定时间里独立的交际系统来研究；所谓历时研究，则是对语言在时间过程中的变化进行历史的研究。索绪尔强调共时观点和历时观点的对立是绝对的，不容许有任何妥协。索绪尔在强调语言共时研究的同时，也进行了历时的研究，他主要关心历时研究中的语音演变和类比问题。

其二，在共时语言学的框架内建构语言系统理论的大厦。系统理论是索绪尔具有独创意义的贡献，也是索绪尔共时理论思想的核心。系统一词在《教程》中出现多达 138 次，含义十分丰富。索绪尔认为语言是一个由相互联系的成分构成的系统，而不是一堆由互相独立的成分组成的集合体。这种相互联系，体现在共时语言结构的两个方面：由言语的前后顺序体现的“句段关系”，以及由系统中不同的成分和范畴构成的“联想关系”。句段关系和联想关系被后人改称为组合关系和聚合关系。系统之所以存在，是因为相互有差别的单位的对立表示着意义的区别。索绪尔的系统概念和“价值”“区别”“对立”等概念紧密联系在一起。尤其是价值概念，在系统理论中极为重要，索绪尔说“语言是一个纯粹的价值系统”。索绪尔所谓的“价值”，可通过其著名的象棋和列车的比喻来了解：认识和区别棋子与列车，是根据它们在整个系统中，即一局棋或者一个铁路网中所占的位置，而不是根据他们的实际构成材料。也就是说，价值是由语言单位在系统中受到其他单位的制约而产生的。索绪尔进而宣称“语言是形式而不是实质”，主张以一种关系的观点代替原有的实体的观点，指出事物的真正本质并不在于事物本身，而在于各种事物之间的关系。这一视角的变化是语言研究中的重大转折。

其三，提出符号学的相关思想，为系统理论奠定理论基础。符号观是索绪尔整个学说的出发点和关键点。在语言学历史上，索绪尔最早指出语言符号联系的不是事物和名称，而是概念和音响形象。这样就强调了两者的联系是非物质的，是抽象的。索绪尔用他所创立的符号学术语“能指”和“所指”来对应“音响形象”和“概念”，进一步指出能指和所指之间没有必然的联系，具有任意性特征。他强调任意性原则支配着整个语言的语言学，其后果是不胜枚举的。他还指出符号具有线条特征，它的重要性与任意性原则不相上下，语言的整个机构都取决于它。索绪尔在学科性质上把语言学归属于符号学，而将符号学归属于社会心理学，认为符号的基本属性是社会性和心理性。但索绪尔的符号学观点只是初露端倪，未及深入展开。

索绪尔的语言思想是系统而又新颖的，他受业于历史比较研究，又不局限于它，将语言学推进到现代语言学阶段。一般认为，现代语言学区别于以往语言学的主要特征有以下几点：重视语言的系统性，重视共时的研究，重视口语的研究，认为语言学应该是描写性的而不是规定性的，主张区分语言和言语，确定语言学的对象是语言。很明显，这几点都来源于索绪尔的语言理论，因此，索绪尔被尊为现代语言学之父，是当之无愧的。

（一）研究对象：共时语言

研究对象是带有普遍意义的问题。任何科学体系的建立，都要明确研究对象，以便提出理论和方法的问题。索绪尔为了解决“语言学的又完整又具体的对象是什么”（p28）①这一问题，提出了语言和言语这对概念，继而又作出共时与历时的区分，认为语言优先于言语获得研究地位，共时优先于历时获得研究地位。“共时语言学”是索绪尔的重点研究对象。

1. 语言和言语

(1)言语活动

什么是言语活动，索绪尔并没有给出一个明确的定义，但他用

① 本书括号里的页码一律指引号里的语句在高名凯译本《普通语言学教程》中的页码。

下图勾勒了言语活动的全过程。(p33)

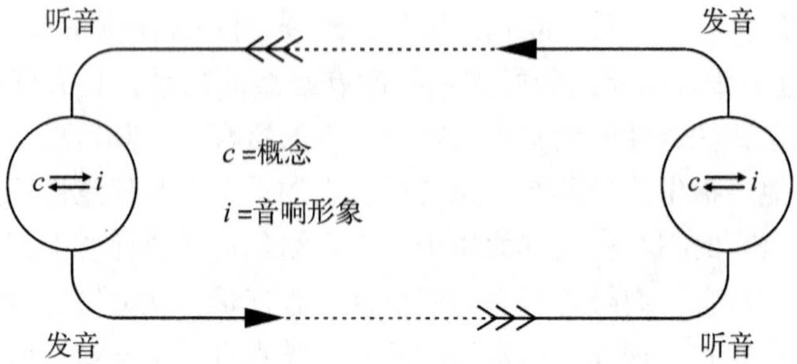

从此图可知，言语活动包括三个部分：物理部分(声波)、生理部分(发音和听音)、心理部分(音响形象和概念)。

索绪尔认为不能将言语活动作为语言学的研究对象。因为言语活动是异质的，是极为复杂的。“言语活动是多方面的、性质复杂的，同时跨着物理、生理和心理几个领域，还属于个人的领域和社会的领域。”(p30)“言语活动有个人的一面，又有社会的一面；没有这一面就无从设想另一面。”(p29)“在任何时候，言语活动既包含一个已定的系统，又包含一种演变；在任何时候，它都是现行的制度和过去的产物。”(p29)索绪尔看到，“无论从哪一方面去着手解决问题，任何地方都找不着语言学的完整的对象；处处都会碰到这样一种进退两难的窘境：要么只执着于每个问题的一个方面，冒着看不见上述二重性的危险；要么同时从几个方面去研究言语活动，这样，语言学的对象就像是乱七八糟的一堆离奇古怪、彼此毫无联系的东西。两种做法都将为好几种科学——心理学、人类学、规范语法、语文学等等——同时敞开大门；这几种科学，我们要把它们跟语言学划分清楚”。(p30)

基于此，索绪尔认为语言学的研究必须“一开始就站在语言的阵地上，把它当作言语活动的其他一切表现的准则。”(p30)语言是索绪尔从言语活动中分离出来的一部分。“言语活动的研究包含两部分：一部分是主要的，它以实质上是社会的、不依赖于个人的语言为研究对象，这种研究纯粹是心理的；另一部分是次要的，它以

言语活动的个人部分，即言语（其中包括发音）为研究对象，它是心理·物理的。”（p41）

索绪尔“选择”将语言“先”作为语言学的研究对象，这是面对众多二重性的最佳选择。语言学的研究对象和其他学科的研究对象明显不同，一个含有主观选择性，一个是客观的存在。在索绪尔看来，“别的科学都是对预先确定了的对象进行工作，接着就可以从不同的观点去加以考虑，而语言学的研究对象并不存在于观点之前，人们将会说，是观点创造了对象。”（p28）

（2）语言和言语的含义

什么是语言？从外延来看，语言是言语活动减去言语。从内涵来看，特别是从与言语对立的角度来看，“语言以许多储存于每个人脑子里的印迹的形式存在于集体中，有点像把同样的词典分发给每个人使用。所以，语言是每个人都具有的东西，同时对任何人又都是共同的，而且是在储存人的意志之外。语言的这种存在方式可表以如下的公式：1+1+……=1（集体模型）。”

什么是言语呢？“个人永远是它的主人。”（p35）言语是“人们所说的话的总和，其中包括：（a）以说话人的意志为转移的个人的组合，（b）实现这些组合所必需的同样是与意志有关的发音行为。在言语中没有任何东西是集体的；它的表现是个人的和暂时的。在这里只有许多特殊情况的总和，其公式如下：1+1′+1″+……”（p42）

语言和言语的内涵差异可以用一组相对立的特征来说明，即语言是“社会的、潜在的”，而言语是“个人的、实现的”。

（3）语言和言语的关系

索绪尔认为语言和言语之间既相互依存互为前提，同时又相互区别。语言和言语是在言语活动这一总体之下的解析，这本身就决定了它们之间彼此依存的关系。索绪尔对两者之间的依存关系有着相当精彩的描述：“要言语为人所理解，并产生它的一切效果，必须有语言；但是要使语言能够建立，也必须有言语。从历史上看，言语的事实总是在前的。如果人们不是先在言语行为中碰到观念和词语形象的联结，他怎么会进行这种联结呢？另一方面，我们总是听见别人说话才学会自己的母语；它要经过无数次的经验，才能储存在我们的脑子里。最后，促使语言演变的是言语：听别人说话所获得的印象改变着我们的语言习惯。由此可见，语言和言语是相互依存的。语言既是言语的工具，又是言语的产物。”(p41)

语言和语言之间互为前提的依存关系是一方面，另一方面是两者之间的区别。“语言既是言语的工具，又是言语的产物，这一切并不妨碍它们是两种绝对不同的东西。”(p41)两者的不同表现在三个方面。其一，语言是社会的，言语是个人的。其二，语言是主要的，言语是次要的。其三，语言是确定的；言语是不确定。“语言是言语活动的一个确定的部分，而且当然是主要的部分。”(p30)“把语言和言语分开，我们一下子就把什么是社会的，什么是个人的；什么是主要的，什么是从属的和多少是偶然的分开来了。”(p35)

正因为语言和言语的绝对不同，索绪尔反对将两者联合起来进行研究。“要用同一个观点把语言和言语联合起来，简直是幻想。”(p42)

(4)区分语言和言语的目的

索绪尔在言语活动中区分语言和言语，目的非常明确，就是要对语言学的研究对象加以指认和排序。语言和言语是索绪尔“建立言语活动理论时遇到的第一条分岔路，两条路不能同时走，必须有所选择”。(p42)索绪尔选择了具有同质性和确定性的语言进行第一步的研究，且计划在《教程》中只讨论语言。但他并非排除言语的研究，他说：“我们可以说有一种言语的语言学。”(p42)索绪尔曾向第三次讲授的听课学生许诺，言语的研究在以后的讲课中会占有一个光荣的地位。但由于索绪尔过早去世，没有能够实现这一许诺，我们无法获悉他言语的语言学的全貌。

索绪尔还认为在语言的位置确定后，言语会自动地归附于语言。“我们在全部言语活动的研究中为语言科学安排好了它的真正的位置，同时也就确定了整个语言学的地位。言语活动中其他一切构成言语的要素会自动来归附于这头一门科学；正是由于这种归附，语言学的各部分也就都找到了它们的自然位置。”(p40)

索绪尔在异质的言语活动中提取出了同质的语言并确定为语言研究的对象，这是索绪尔和以前的语言学的原则性区别。如果没有这种区分，我们将面临着一堆异质的、杂乱无章的东西而茫然不知所措。语言和言语的区分促进了现代语言学的发展，成为语言研究方法论之一。

2. 共时和历时

(1)共时和历时的关系

“有关语言学的静态方面的一切都是共时的，有关演化的一切都是历时的。”(p119)“共时语言学研究同一个集体意识感觉到的各项同时存在并构成系统的要素间的逻辑关系和心理关系。历时语言学研究各项不是同一个集体意识所感觉到的相连续要素间的关系，这些要素一个代替一个，彼此间不构成系统。”(p143)

(2)共时和历时的关系

索绪尔认为共时和历时之间既相互依存又绝对对立，还存在交叉关系。“依存”“对立”“交叉”这样的字眼均出现在索绪尔的叙述之中。“为了更好地表明有关同一对象的两大秩序的现象的对立和交叉……”(p119)“为了表明共时态和历时态的独立性及其相互依存的关系……”(p127)但毫无疑问，索绪尔认为共时和历时之间最为重要和根本的关系是对立关系。索绪尔花了大量篇幅重点强调共时和历时的对立，强调共时优于历时，至于两者的交叉关系和依存关系都是在阐述对立关系时附带显现出来的。

索绪尔认为共时和历时之间的关系是“绝对对立的，不容许有任何妥协。”(p122)“共时现象和历时现象毫无共同之处。”(p131)两者具有本质上、方法上及原则上的对立。

① 系统性不同

共时涉及系统，历时与系统无关，这是两者本质上的差别。“语言是一个系统，它的任何部分都可以而且应该从它们共时的连带关系方面去加以考虑”。“变化永远不会涉及整个系统，而只涉及它的这个或那个要素，只能在系统之外进行研究……前后相继的要素和同时存在的要素之间，以及局部事实和涉及整个系统的事实之间的这种本质上的差别，使其中任何一方面都不能成为一门单独科学的材料”。(p127)例如古高德语 gasti(客人)之变为 geste，并不直接影响共时秩序的现象，gast 和 gaste 的单复数名词之间的系统关系并不因为 gasti 之变为 geste 而有所改变。相关，共时秩序的现象都是作为系统中的一员而出现的，它要有其他同时存在的项，例如表示复数的并不是 gasti 或 geste，而是“gast 和 gasti”或“gast 和 geste”的对立。

② 重要性不同

“共时方面显然优于历时方面，因为对说话的大众来说，它是真正的、唯一的现实性。对语言学家说来也是这样：如果他置身于历时的展望，那么他所看到的就不再是语言，而是一系列改变语言的事件。”(p130)

③ 方法不同

一方面，“共时态只有一个展望，即说话者的展望，它的整个方法就在于搜集说话者的证词。历时语言学却应该区分两个展望：一个是顺时间的潮流而下的前瞻的展望，一个是逆时间的潮流而上的回顾的展望”。另一方面，“共时和历时包括的范围不同。共时研究的对象不是同时存在的一切，而只是与每一语言相当的全部事实，必要时可以分到方言和次方言。历时语言学所考虑的要素不一定是属于同一种语言的。”(p131)也就是说，共时研究一门语言，历时往往需要跨语言研究。

④ 相关概念不同

“双方的有关概念都同样程度地无法互相归结。”“共时是同时要素间的关系，历时是一个要素在时间上代替了另一个要素，是一种事件。”(p131)

⑤ 规律不同

索绪尔认为“任何社会规律都有两个基本特征：命令性和一般性。”(p132)命令性和一般性相当于强制性和普遍性。“共时规律是一般性的，但不是命令性的”，“当规律性支配着某一点的时候，任何力量也保证不了这一规律得以保持下去。共时规律只是某一现存秩序的简单表现，它确认事物的状态，但它所确定的秩序是不牢靠的。”(p134)“相反，历时事实却是强加于语言的，但是它们没有

任何一般的东西。”(p137)“历时事件总是有一种偶然的和特殊的性质，尽管从表面上看有些并不是这样。”(p134)

索绪尔认为共时和历时的对立是绝对的，不将两者区分开来是无法展开研究的。同时，两者又是“相互依存的”(p127)。从索绪尔所打的三个比方中我们可明显体察到两者间的依存关系及对立关系，其中，下棋的比方是最能说明语言的运行的。

① 投影的比方

“语言状态无异就是历史现实性在某一时期的投影”，这说明了共时对历时的依存。“认识共时状态不是由于研究了历时的事件，正如我们不是因为仔细研究了不同种类的物体就会对投影几何获得一个概念一样”，这说明了两者的对立。(p127)

② 树干的比方

“树干的横断面是纵向纤维在特定平面的集结”，这说明了共时对历时的依存。“横断面有着纵断面上永远不能理解的关系”，这说明了两者的对立。(p128)

③ 下棋的比方

“每下一着棋都会使整个棋局发生变化”，“从一个共时态过渡到另一个共时态，只消把一个棋子移动一下就够了”，这说明了历时对共时的制约。“一个棋子的移动跟前后的平衡是绝对不同的两回事。所起的变化不属于这两个状态中的任何一个；可是只有状态是重要的”。这说明了两者的对立和共时的重要。(p128-129)

索绪尔在严格地区分了共时和历时并将共时置于优先位置之后，又进一步否定了泛时观点。他认为在具体的语言事实中不存在泛时观点，任何变化都只限于一定的时间和地区。把共时和历时混为一谈难免会导致对共时现象的忽略或误判。

(3) 区分共时和历时的目的

语言学在对语言和言语有所选择之后，又遇到了第二条分叉路：一条通往历时态，一条通往共时态。同样，索绪尔区分共时和历时的目的不是要排除历时研究，而是要分别加以研究。《教程》就专门辟有一编谈“历时语言学”，其篇幅不亚于共时语言学。“语言”是索绪尔所确定的研究对象，共时和历时都属于“语言”，也都是研究的对象。试看索绪尔所列图式：

- 言语活动
  - 语言
    - 共时态
    - 历时态
  - 言语

索绪尔之所以要严格区分共时和历时并把共时置于历时之上，是为了把握研究的重点及先后顺序，采取有效的研究方法，建立科学的研究体系，从而实现对语言的全面认识。共时和历时有各自的本质、原则、方法及规律，处于绝对的对立，不可混合起来进行研究。研究共时态是关注语言本身，研究历时态是考察语言的变迁。共时关乎价值系统，是研究的重点。“语言学在给历史许下了过大的地位之后，将回过头来转向传统语法的静态观点。但是这一次却是带着新的精神和新的方法回来的。”(p121)历时不关乎价值系统，地位低于共时，研究顺序在共时之后。“价值系统越是复杂，组织得越是严密，我们越有必要按照两条轴线顺次加以研究。”(p119)“语言学中这样划定的两部分，将依次成为我们的研究对象。”(p143)

3. 内部与外部

(1)内部语言学和外部语言学的含义

内部语言学研究与语言的组织、语言的系统相关的内容。内部语言学“不容许随意安排；语言是一个系统，它只知道自己固有的秩序。”(p46)“一切在任何程度上改变了系统的，都是内部的。”(p46)

外部语言学则研究与语言的组织、语言的系统无关的内容。主要包括如下四个部分：(p43-44)

① 语言学和民族学的一切接触点，语言史和种族史或文化史之间可能存在的一切关系。

② 语言和政治史的关系。

③ 语言和各种制度如教会、学校等的关系。

④ 与语言在地理上的扩展和方言分裂有关的一切。

国际象棋的比喻可以充分说明内部语言学与外部语言各自的内涵。象棋的数目与走法属于内部语言学，因为增加或减少棋子的数目，就会影响到下棋的规则。象棋的制作材料、源起以及传播路径属于外部语言学。

(2)内部语言学与外部语言学的关系

与语言和言语的互为前提、共时和历时的相互依存不同的是，内部语言学在索绪尔看来可以不依赖外语语言学。“外部语言现象的研究是富有成果的；但是不能说，没有这些现象就不能认识语言的内部机构。”(p45)

(3)语言/言语、共时/历时、内部/外部三组概念的关系

语言和言语、共时和历时这两组概念的相互关系是清晰的，索绪尔在《教程》第142页给出了明确的图式。这一体系未提到“内部/外部”这对范畴。裴文(2006：209-211)根据自己的理解，对索绪尔理论体系做了全景图解：

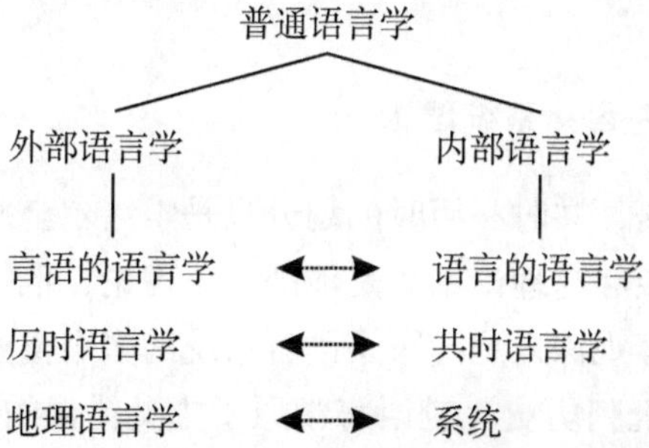

综合索绪尔列出的外部语言学的四个部分及象棋的具体比方，我们认为，外部语言学的研究范围相当广泛，既包括历时部分，也包括共时语言中的非系统部分，但不包含言语部分。这个认识另有两点证据：其一，索绪尔是在区分了语言与言语之后，在给语言下定义时将内部语言学与外部语言学二元对立；其二，索绪尔论述内部语言学与外部语言学相关内容的这一章的章名叫“语言的内部要素和外部要素”也非常能说明外部语言学与言语无关。结合前文已有的认识，语言和言语、共时和历时、内部和外部三组概念之间构成如下关系：

<table>
<tr><td colspan="3">语言</td><td rowspan="3">言　语</td></tr>
<tr><td colspan="2">共时</td><td>历时</td></tr>
<tr><td>内部</td><td colspan="2">外部</td></tr>
</table>

语言和语言是索绪尔对研究对象做的第一次也是最有取舍性的切分，在这次切分中，索绪尔选择了语言放弃了言语，语言是语言学真正的研究对象。共时和历时是索绪尔对第一次切分结果“语言”做的下位切分，在这次切分中，索绪尔将共时排在了历时之前，但并未舍弃历时，只是置于后一步的研究地位。内部语言学和外部语言学是索绪尔对第二次切分结果“共时语言”做的下位切分，在这次切分中，索绪尔将内部排在了外部之前。经过层层离析之后，索绪尔的重点研究对象最终确定，即“共时语言系统”，也即内部语言学。

（二）核心内容：系统理论

语言和言语、共时和历时的划分只是索绪尔全部理论的一个出发点，其理论核心与理论精华是他的系统理论，他构筑了语言系统理论的大厦，客观深入地描写了语言系统的多个重要方面。系统理论是索绪尔在批判历史比较语言学原子主义错误的基础上提出的，是索绪尔语言学思想中具有独创意义的贡献。早在《论印欧系语言元音的原始系统中》，他就提出了系统的概念。在《教程》中，系统一词共出现过 138 次，其内涵更丰富更完备了。

索绪尔把语言看成是一个在其内部一切都相互联系的系统，指出要素是由它和系统内其他要素之间的关系确定的，而不是由某种本质确定的。他借助自己创立的一系列新的概念，如同一性与价值、差别与对立、实质和形式、句段关系和联想关系等，深入到系统的构成和运转这个根本问题之中。系统理论对现代语言学及整个人文社会科学产生了深刻的影响。

1. 系统与语言单位

根据索绪尔的语言思想，共时语言学的研究任务是：从语言系统中划分出语言的单位，对单位加以分类，进而研究单位间的关系。

(1)基本单位及其划定

系统不是由孤立的单位加在一起构成的，而是由彼此互相制约的单位构成的。“把一项要素简单地看作一定声音和一定概念的结合将是很大的错觉。这样规定会使它脱离它所从属的系统，仿佛从各项要素着手，把它们加在一起就可以构成系统”(p159)。要描写特定语言的共时系统，就必须带着系统的观念首先从共时系统中划分出单位来。“语言的特征在于它是一种完全以具体单位的对立为基础的系统”(p151)。“我们必须从有连带关系的整体出发，把它们加以分析，得出它所包含的要素”(p159)。

单位并不是一下子就能看得出的，索绪尔从方法上指出，划定语言单位界限的方式是把作为语言文献的言语表现为两条平行的锁链，一条代表概念(a)，一条代表音响形象(b)，按照与概念锁链的片段相对应的音响形象锁链中的片段划出界线，切成单位，再拿它来和一系列句子中重复出现的同样的单位相比较，确定其是否为一个真正的语言单位。

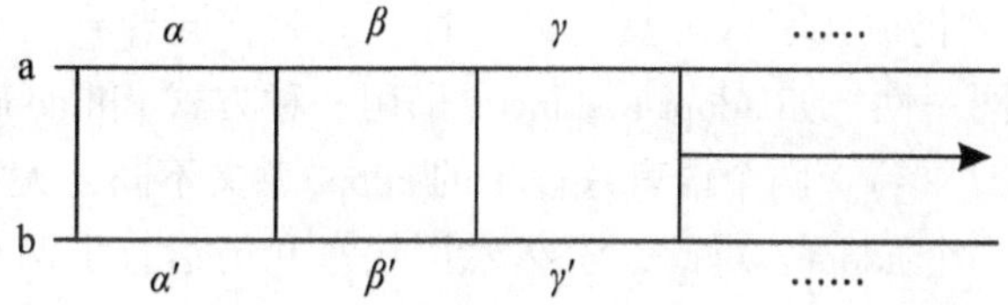

从方法上或从理论上来看待单位的界限划分是容易的，但应用起来却是困难的。通常以为最典型最容易划分的单位是词，但索绪尔指出具体单位与词不是一回事。如 cheval(马-单数)和 chevaux(马-复数)，这是同一个词的不同形式，却是两套音义的结合，但若看成为两个具体的单位，就把明明互为变体的东西切割开来了。索绪尔得出结论“不能在词里找具体的单位，必须到别的地方去找”(p150)。句子也不是索绪尔认为的单位，它属于言语，“它们最明显的特征是彼此毫无相似之处”(p150)，“在各个句子间，占优势的是它们的差异”(p151)。

索绪尔反对原子主义，就是所谓集词成句，集要素而成整体。他认为摆在面前的是整体，然后分解开来，分解成各个要素，是整体产生部分。索绪尔的出发点和原子主义不同，单位的限定就出现困难。

(2)同一性

索绪尔并未能够从语流中找到语言系统的单位。由于单位极其重要，“我们对于这些单位既不能不有所认识，而且不求助于它们也将寸步难移”(p151)，“共时语言学的任何基本概念都直接取决于我们对单位的看法”(p152)。基于此，索绪尔提出了“同一性”概念并将论述重点转移到同一性上，“同一性和单位的问题部分一致，是单位问题的富有成效的复杂化”(p153)。至于同一性和单位的关系究竟如何，索绪尔没有加以说明，这也是让人不太容易理解的地方。“同一性的问题到处碰到，语言机构整个是在同一性和差别性上面打转的，后者只是前者的相对面”(p153)。

该如何理解同一性呢？以词为例，同一个词(如 gentleman)重复用于不同的语境，在每次使用时，口气和语调的变化都使得语音带有明显的差别，语义上也没有绝对的同一性，但是，重复使用的 gentleman 的仍被大家认为具有同一性。同时，同音异义有时并不损害词的同一性，如 adopt a stance(采用一种方式)和 adopt a child(收养一个小孩)，两个语言片段中的 adopt 意义不同，大家依然认为这是同一个 adopt。对此，索绪尔用快车和街道打了两个比方来说明同一性问题。例如晚上 8：45 分日内瓦-巴黎的快车相隔 24 小时开出，尽管车厢、司机和机组人员全不一样，但在我们眼里，这是同一班快车。再如，一条街道被拆毁后重新建筑起来，我们说这是同一条街道。可见，快车和街道的同一性在于与其他快车和街道的相互比较和相互关系上。而如果我们看到别处的一件衣服与自己的衣服一模一样，我们不会认为它们是同一的，因为衣服的相同是质料的相同而非关系的相同。语言的同一性就是快车和街道的同一性，即语言的同一性只指关系，不指质料。

既然语言的同一性取决于语言实体相互之间的关系或比较，同一性就与“价值”的概念密不可分。“同一性的概念常与价值的概念融合在一起，反过来也一样”(p156)。确切地说，同一性是以价值概念为基础的。借助价值的概念，我们可以这样阐述同一性：在重复使用 gentleman 时，尽管它的每次发音、甚至意义都不绝对相同，但是它与处在同一系统中的其他符号的关系没有改变，即它的价值没有改变，故而仍然保持着同一性。adopt 表示两个不同意义时仍然具有同一性，同样也是因为它的价值没有发生改变。

2．价值系统

索绪尔宣称，语言是一个纯粹的价值系统。价值该如何理解呢？“价值”概念是索绪尔从政治经济学中引进的，他认为，语言学和政治经济学一样是研究价值的科学。语言的价值和任何价值一样由下列两个因素构成。

① 一种能与价值有待确定的物交换的不同的物。

② 一些能与价值有待确定的物相比的类似的物。

要使一个价值能够存在，必须有这两个因素。例如，要确定一枚五法郎硬币的价值，我们必须知道：A 能交换一定数量的不同的东西；B 能与同一币制的类似的价值，例如一法郎的硬币，或者另一币制的货币(美元等)相比。

索绪尔用象棋的比方对语言符号的价值加以说明，指出棋子各自的价值取决于它们在棋盘上的位置，同样，每个语言符号从它与其他符号的对立中获得价值。语言的价值可以从三个方面考虑：

(1)从概念方面考虑语言的价值

如何从概念方面看待价值？首先需要厘清价值和意义的关系。索绪尔强调“意义既依存于价值又不同于价值”(p160)，对于两者的不同，索绪尔列出了两个图示：

图一的竖箭头与图二的横箭头不能等量齐观。图一的“意义”极好理解，意义就是所指，“是音响形象的对立面”(p160)，是孤立的语言符号的构成部分。图二的“价值”是一种关系，是一种对比，是系统的产物。“每项要素的价值都只是因为有其他各项要素同时存在的结果”(p160)。对价值的概念，可借助索绪尔所举的例子来理解。“法语的同义词 redouter(恐惧)，craindre(畏惧)，avoir

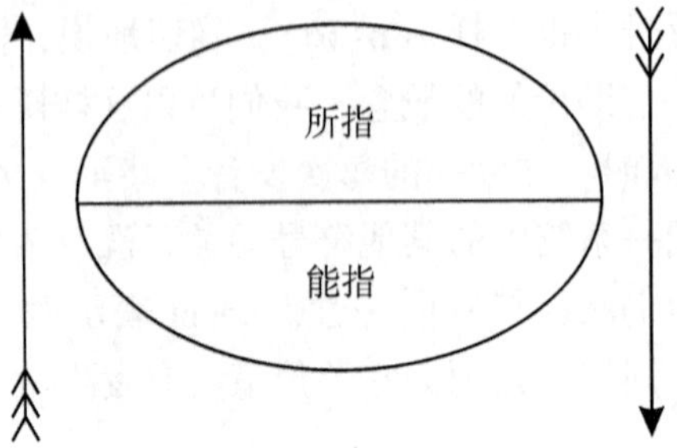

图一

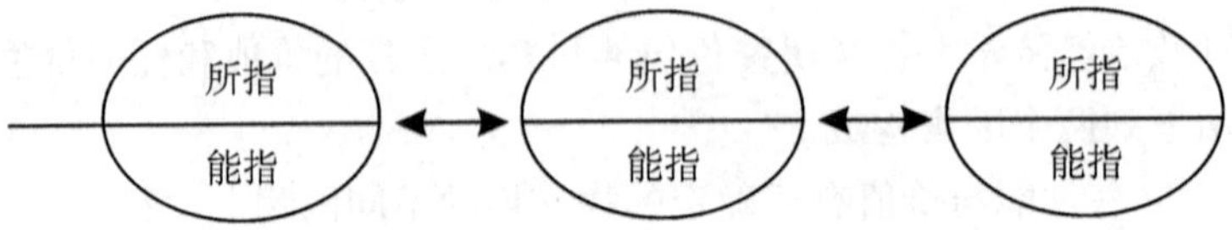

图二

(害怕)，只是由于它们的对立才各有自己的价值。假如 redouter 不存在，那么，它的全部内容就就要转到它的竞争者方面去”(p162)。

索绪尔用法语的 mouton 和英语的 sheep 来说明价值和意义的区别。法语 mouton 是“羊、羊肉”的意思，英语 sheep 是“羊”的意思，所以说，mouton 和 sheep 可以有相同的意义(这里要注意“可以有”几个字，即当二者都指代“羊”时意义相同)，但没有相同的价值，英语存在 sheep 和 mouton 的对立，一个表示“羊”，一个表示“羊肉”，法语 mouton 则是同时表示“羊”和“羊肉”。应该说，这个例子对说明价值和意义的区别帮助不大，反倒容易使人将价值和意义混同。因为，从语义上说，真正的同义词是意义上的完全相同，mouton 和 sheep 并不是真正的同义。依据索绪尔的思路，人们完全有理由说，mouton 和 sheep 之所以没有相同的价值是因为二者没有相同的意义。索绪尔对法语复数和梵语复数在价值和意义上的说明同样也存在上述问题。索绪尔说法语复数与梵语复数意义大体相同，但价值不同，法语复数是与单数的对立，梵语复数是与单数、双语的对立。而我们一般会认为两个语言里的复数的意义并不相同。当然这里涉及“什么是意义”的复杂问题。不能不说这两个例子都容易让人把价值和意义混同，实际上二者的区别确实也是十分细微的，“价值和意义是同义词吗？我们相信不是，尽管很容易混淆，特别是因为这种混淆与其说是由术语的类似引起的，不如说是由它们所标志的区别很细微引起的”（p160）。

如何更好地理解价值和意义的细微差别呢？索绪尔说：“概念没有什么初始的东西，它不过是由它与其他类似的价值的关系决定的价值；没有这些价值，意义就不会存在。”（p163）这一思想成为日后兴起的结构主义思潮的起点——事物的真正本质不在于事物本身，而在于各种事物之间的关系。

尽管索绪尔宣称“没有价值，意义就不会存在”，但他并未取消意义的独立性，也未将意义和价值等同。根据索绪尔的思想，语言符号的意义有正反两个面向，一个是正面的所指性意义，另一个是反面的价值性意义。所指性意义是从正面规定的意义，是对事物的刻画；价值性意义是从反面得出的意义，通过和系统中其他要素的比较而确定的意义。这两个面向的意义在概念上是等同的，以汉语的“春季”为例，其正面的所指性意义是“一年的第一季，我国习惯指立春到立夏的三个月时间，也指农历正、二、三 3 个月”，其反面的价值性意义是“不是四季中的夏季、秋季、冬季”。但从方法论上看则是不同的，所指性意义由于具有任意性，且任意地划分概念连续体，故而聚焦于所指性意义并不能揭示事物的本质。“如果我简单地断言词意味着某种事物，如果我老是记住音响形象与概念的联结，这在某种程度上可能是正确的，而且提出了对现实性的一种看法，但是绝对没有表达出语言事实的本质和广度”（p163-p164）。这里的“本质”指的是对立和相关关系，“广度”指的是符号在空间上的延伸。相反，价值性意义综合考虑了系统中与之相联系的要素，是从整体上去把握语义，更有利于看清事物的本质。所指性意义和价值性意义分别对应索绪尔的意义和价值这两个概念，所以说，意义和价值两者是有区别的，正如前面图一和图二所示。当我们从价值性意义的面向去定位意义时，意义和价值就是对等的概念了。索绪尔有这样一句话："我们说价值和概念相当，言外之意是指后者纯粹是表示差别的，它们不是积极地由它们的内容，而是消极地由它们跟系统中其他要素的关系确定的。"(p163)这句话既包含了"意义和价值不同"的前提，又显示了"当我们从反面或消极面去确定意义时，意义和价值相当"这一思想。

回到"如何从概念方面看待价值"这个问题上来，我们可以这样回答："价值的概念部分"或者说"价值性意义"是由它与语言中其他要素的关系和差别构成的。

(2)从物质方面考虑语言的价值

"如果价值的概念部分只是由它与语言中其他要素的关系和差别构成，那么对它的物质部分同样也可以这样说。在词里，重要的不是声音本身，而是使这个词区别于其他一切词的声音上的差别，因为带有意义的正是这些差别。"(p164)"语言的能指更是这样；它在实质上不是声音的，而是无形的——不是由它的物质，而是由它的音响形象和其他任何音响形象的差别构成的。"(p165)

索绪尔证明道，"说话者在使各个声音仍能互相区别的限度内享有发音上的自由。例如法语的 r 按一般习惯是一个小舌音，但并不妨碍有许多人把他发成舌尖颤音，语言并不因此而受到干扰。语言只要求有区别，而不像大家所设想的那样要求声音有不变的素质。甚至可以把法语的 r 发成德语 Bach(小河)、doch(但是)等词中的 ch。可是说德语的时候，却不能用 r 当作 ch，因为这种语言承认有这两个要素，必须把他们区别开来"(p165-166)。

索绪尔指出，"可以将这一原则应用于语言的一切物质要素，包括音位在内"，"音位首先就是一些对立的、相关的、消极的实体"(p165)。后来的布拉格学派正是在这一思想的指导下，建立了音位学。

(3)从整体来考虑符号

索绪尔认为："拿所指或能指来说，语言不可能有先于语言系统而存在的观念或声音，而只有由这个系统发出的概念差别和声音差别。一个符号所包含的观念或声音物质不如围绕着它的符号所包含的那么重要。"(p167)"但是说语言中的一切都是消息的，那只有

把所指和能指分开来考虑才是对的：如果我们从符号的整体去考虑，就会看到在它的秩序里有某种积极的东西。”(p167)

这里的“消极/积极”并不太好理解，仔细体会，这两个词的意思相当于“不确定/确定”。也就是说，索绪尔认为能指和所指分开来考虑，都是不确定的，要通过和其他成员的相互关系才能明确自己的身份，而当能指和所指结合成一个符号，就成为一个可自我确定的成员。因为，“能指的变化常会引起观念的变化，且有区别的观念的总数和表示区别的符号的总数在原则上是一致的”(p167)。

总结索绪尔的价值理论，可概述为：语言是一个共时态的价值系统，在这个系统里，每个要素处于相互对立和相互联系之中，要素的性质不单是由自身的特性决定的，而是来源于与系统里其他要素之间的关系。对此，索绪尔有个经典的论断：“语言是形式而不是实质”(p169)。这里的“形式”实际上就是“关系”，“实质”指符号的质料。实质和实体不能相混，索绪尔承认实体，否定实质。索绪尔强调将语言视为实质是有害的，是导致一切错误的根源。“人们对这个真理钻研得很不够，因为我们的术语中的一切错误，我们表示语言事实的一切不正确的方式，都是由认为语言现象中有实质这个不自觉的假设引起的。”(p169)

索绪尔的价值理论与恩格斯(1971：270)的看法基本一致：“在有机化学中，一个物体的意义以及它的名称，不再仅仅是由它的构成来决定的，而更多的是由它所隶属的系列中的位置来决定。”

3. 关系系统

关系系统与价值系统是相互依赖的，表现为在整个语言系统内价值系统产生于关系系统。价值在要素与要素间的相互关系中产生，关系就成了语言共时研究的基础。“在语言状态中，一切都是以关系为基础的。”(p170)语言系统中的两大根本关系是句段关系和联想关系。“每一事实应该都可以这样归入它的句段方面或联想方面，全部语法材料也应该安排在它的两个自然的轴线上面。”(p189)语言要素的价值就在由句段关系和联想关系构成的关系网络中得以确定。索绪尔的句段关系和联想关系的学说是现代语言学静态分析法的基本原则。句段关系和联想关系被结构主义语言学家改称为组合关系和聚合关系。

(1)句段关系

“语言要素一个挨着一个排列在言语的链条上面，这些以长度为支柱的结合可以称为句段。”(p170)“句段关系以两个或几个在现实的系列中出现的要素为基础，句段关系是在现场的。”(p171)

索绪尔认为，句段的适用范围很广，“不仅适用于词，而且适应于词的组合，适用于各式各样的复杂的单位(复合词、派生词、句子成分、整个句子)”。这一观点是相当创新的，等于说是突破了传统的词汇学、形态学、句法学的分界，将这三者贯通了起来。

句段关系有两个层面。一个是句段各部分间的相互关系，如“今天星期天”中“今天”和“星期天”之间的关系；一个是整体和部分间的关系，如“今天星期天”和“今天”以及和“星期天”之间的对立关系。整体和部分的句段关系跟部分和部分的关系一样重要，因为“整体的价值决定于它的部分，部分的价值决定于它们在整体中的地位”(p178)。

索绪尔的句段关系被后世改称为组合关系，主要是考虑句段关系不仅适用于句段的横向关联，还适用于词汇及语音。

(2)联想关系

“在话语之外，各个有某种共同点的词会在人们的记忆里联合起来，构成具有各种关系的集合。”“这些集合不以长度为支柱，属于每个人语言内部宝藏的一部分。我们管它们叫联想关系。”“联想关系把不在现场的要素联合成潜在的记忆系列。”(p171)

索绪尔指出联想的系列是多样的，有三种类型。

① 根据能指类似形成的类聚。如“enseignement”(教育)和“justement”，这两个词形成一个联想类聚，因为它们有共同的能指(ment)。

② 根据所指的类似形成的类聚。如“enseignement”(教育)、“instruction”(训育)、“apprentissage”(见习)、“éducation”(教育)等，这四个词形成一个联想类聚，因为它们有共同的所指(培育)。

③ 根据能指和所指的类似形成的类聚。如“enseignement”(教

育)、“enseigner”(教)、“enseignons”(我们教)这三个词形成的联想关系是基于它们有共同的能指(enseign)及共同的所指(教)。

索绪尔的联想关系被后世的聚合关系取代。聚合关系是基于组合关系的约束形成的可替换关系，其范围小于联想关系，联想的结果可能超出原有组合关系的限制。

(3)句段关系和联想关系之间的关系

首先，句段关系和联想关系在要素的连续性和数量上存有差异。索绪尔说“句段可以使人立刻想起要素有连续的顺序和一定的数目，而联想集合里的各个要素既没有一定的数目，又没有确定的顺序。”(p175)不过，索绪尔对联想关系没有一定的数目这一点又有所补充，认为这不是绝对的

其次，句段关系和联想关系之间是相互依存相互制约的。“空间上的配合可以帮助联想配合的建立，而联想配合又是分析句段各部分所必需的。”(p178)如“吃饭”是一个句段，它有两个联想系列作为它的支柱。

吃　饭
喝　水
买　菜
做　糖

对于“吃饭”这个句段而言，正是因为两个联想系列的存在，“吃饭”才得以成为句段，如果“吃”类联想系列和“饭”类联想系列不能成立，那么“吃饭”就是不能分析的，它将只是一个简单的单位而不再是句段。

既然句段关系和联想关系不可分割，那么在语言分析中就需要同时考虑两类关系。以汉语的“看”和英语的“see”为例，我们通过观察两者在句段中的不同表现，说两者的价值不同，“看”可以用在“看书、看电影、看病”等短语中，“see”不能用。我们同时要注意到，两者的句段表现和它们各自形成的联想关系紧密相连，在英语中，与“see”意义类同的还有“watch、reading”等，而汉语的“看”在语义系列中所占的位置宽于英语的“see”。

哲学家卡勒在高度评价索绪尔语言理论对整个科学发展的重要

贡献时，指出“现代语言学富有革命性的关键在于，索绪尔坚持把关系和关系系统放在首位”，研究的重心“从研究实体转向了研究关系。是关系创造和定义了实体，而不是相反”。

(三)理论根基：符号观

索绪尔对语言符号的论述不多且不够系统，却贯穿《教程》大部分内容，是整个语言理论大厦的根基，是全面把握和理解索绪尔语言思想的关键点和出发点，是他语言理论的特征所在。索绪尔认为语言的本质是符号，语言符号是概念和音响形象的结合，语言符号具有社会性和心理性，语言符号的两大根本原则是任意性和线条性。语言符号的性质及原则内在地决定了语言和言语的划分，共时和历时的划分以及语言系统观的构建。索绪尔为符号学的建立做出了不可磨灭的贡献，被后人视为符号学的先驱。索绪尔对符号学的贡献在于他预见了一门新学科的诞生，并对这门新学科的基本性质、重要性及它与语言学的关系给予了原则性的论述。索绪尔对语言符号的基本看法若不被动摇，其语言思想将永远绽放夺目的光芒。

1. 语言是符号

索绪尔认为“语言是一种表达观念的符号系统”(p37)。那什么是符号呢？符号是“概念和音响形象的结合”(p102)。符号可用下面的图式来表示：

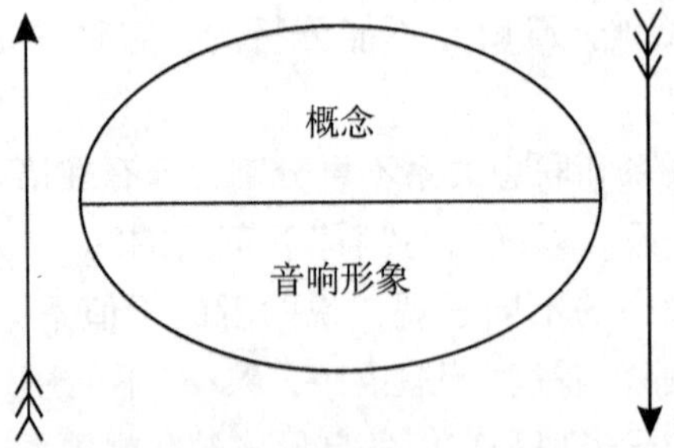

索绪尔用“所指”和“能指”分别代替“概念”和“音响形象”。他认为“所指和能指这两个术语既能表明它们彼此间的对立，又能表明它们和它们所从属的整体间的对立”(p102)。启用新术语后符号可用下图表示：

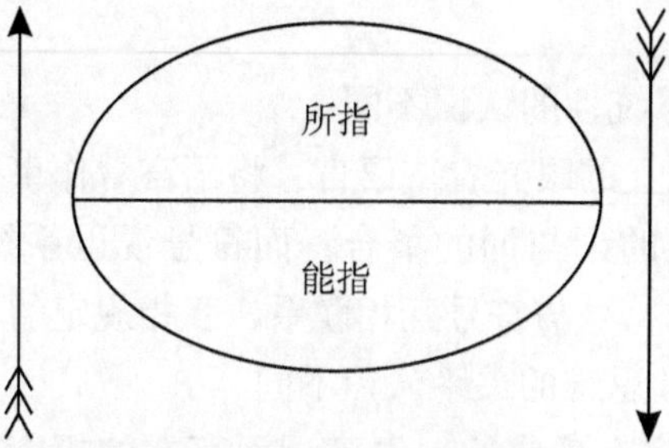

所指和能指的关系是既相互对立又相互依存的，统一在符号的整体之中。对于所指、能指、符号三者间的关系，索绪尔形象地比喻为“水”，“水是氢和氧的结合；分开来考虑，每个要素都没有任何水的特性”(p147)。

索绪尔给符号下定义时，特别强调符号“连结的不是事物和名称，而是概念和音响形象”(p101)。若把符号视为事物和名称的连结，那么，“语言就是一种分类命名集，即一份跟同样多的事物相当的名词术语表”(p100)。我们将这种认识称为命名说。索绪尔对命名说提出了三点批评(p100)：

其一，它假定有现成的、先于词而存在的概念。

其二，它没有告诉我们名称按本质来说是声音的还是心理的。

其三，它会使人想到名称和事物的联系是一种非常简单的作业，而事实上决不是这样。

在索绪尔看来，命名论中唯一可以保留的是，语言单位被看作由两个部分的联系而构成的双重实体。将符号定义为概念和音响形象的结合，就彻底否定了命名说。我们将这一定义或观点称为符号说。

我们认为，符号说与命名说针锋相对，代表着两种根本不同的语言观。

① 对语言自足性的认识不同

命名说认为语言是外界事物的忠实反映，外界事物的面貌决定了语言的面貌，语言不是自足的系统。符号说一方面排除了所指的物质性部分，即外部世界；另一方面排除了能指的物质性部分，即发音环节，符号不再受到物质性的侵扰，语言成为一个自足的封闭的系统。

② 对语言系统性的认识不同

命名说以孤立的眼光看待语言，将语言看作事物和名称的简单对应，看作孤立的词与词的集合；而符号说以系统的眼光看待语言，将语言看作符号与符号互相联系、互相规定的层级系统。

③ 对语言和思维的关系认识不同

命名说"假定有现成的、先于词而存在的概念"（p100）。索绪尔认为，"预先确定的观念是没有的。在语言出现之前，一切都是模糊不清的。"（p158）这就是说，没有语言就没有清晰的观念，两者相伴而生。"语言对思想所起的独特作用不是为表达观念而创造一种物质的声音手段，而是作为思想和声音的媒介，使它们的结合必然导致各单位间彼此划清界限。"（p158）"语言好比是一张纸：思想是正面，声音是反面。我们不能切开正面而不同时切开反面，同样，在语言里，我们不能使声音离开思想，也不能使思想离开声音。"（p158）符号说清晰地表明了语言和思想的相互依赖。

2. 语言符号的性质

索绪尔开创性地设想以后"有一门研究社会生活中符号生命的科学——符号学，符号学将构成社会心理学的一部分"（p38）。既然符号学属于社会心理学，作为符号学典范的语言学，其基本性质自然就离不开社会性和心理性。

（1）社会性

索绪尔说，"符号在本质上是社会的"（p39）。"语言不能离开社会事实而存在，因为它是一种符号现象。它的社会性质就是它的内在特征之一"（p115）。为什么社会性是符号的内在特征呢？因为符号是生活于社会中的人所需要的，是出于这种需要而产生的。所以语言离不开社会，离不开使用它的社会大众，这是语言固有的性质。需要注意的是，索绪尔所谓的"社会"，不是指语言的社会文化内涵，而是指社会集体意识。这种集体意识超越了社会中的个体成员，在每一个成员的意识中只有不完整的反映。

索绪尔反复强调语言具有社会性，“语言是社会事实”(p34)。“语言是一种社会制度”(p37)，“语言是言语活动的社会部分，个人以外的东西；个人独自不能创造语言，也不能改变语言；它只凭社会的成员间通过的一种契约而存在。”“语言是通过言语实践存放在某一社会集团全体成员的宝库，一个潜存在每一个人的脑子里，或者说得更确切些，潜存在一群人的脑子里的语法体系；因为在任何人的脑子里，语言都是不完备的，它只有在集体中才能完全存在。”(p35)“语言是每个人都具有的东西，同时对任何人又都是共同的。语言的这种存在方式可表以如下的公示：1+1+1+……=1(集体模型)。”(p41)“要有语言，必须有说话的大众。在任何时候，同表面看来相反，语言都不能离开社会事实而存在，因为它是一种符号现象。它的社会性质就是它的内在特性之一。”(p115)

(2)心理性

索绪尔指出，“语言符号是一个两面的心理实体”(p101)。符号的心理性可从能指和所指两方面来加以认识。

索绪尔的能指是“音响形象”而不是“音响”，音响形象是声音的心理印迹，音响是物质的声音，音响形象虽然离不开物理的声音，但在性质上和音响属于两个不同的范畴，一个属于心理范畴，一个属于物理范畴。音响形象的心理性质是可以通过观察言语活动而知晓的：“我们不动嘴唇，也不动舌头，就能自言自语，或在心里默念一首诗，那是因为语言中的词对我们来说都是一些音响形象”(p101)。声音不是索绪尔的研究对象，因为“发音不会影响系统本身”(p40)，“发音器官对于语言也是外在的东西，正如用来转写莫尔斯电码的发报机对于这电码是外在的东西一样”(p40)。“声音是一种物质要素，它本身不可能属于语言。它对于语言只是次要的东西，语言所使用的材料。任何约定的价值都有这个不与支持它的、可以触知的要素相混的特点。例如决定一枚硬币的价值的不是它所包含的金属。一枚在名义上值五法郎的银币所包含的银可能只有这个数目的一半。它的价值多少会随上面所铸的头像以及在政治疆界的这边或那边使用而不同。语言的能指更是这样；它在实质上不是声音的，而是无形的——不是由它的物质，而是由它的音响形象和其他任何音响形象的差别构成的。”(p165)索绪尔将声音视为言语的研究对象。

索绪尔的所指是“概念”而不是“客观事物”，虽然概念与客观事物相联系。他的语言符号理论基于一个前提，那就是，他将语言视为一个相对自足或独立的系统。和能指一样，语言符号的所指在这个系统之中，是与外界事物相联系的概念而不等同于外界事物。

3. 语言符号的原则

语言符号有两个原则，任意性原则与线条性原则。任意性原则着重于所指系统和能指系统的关系，线条性原则着重于能指和符号系统的关系，两条原则互相关联。

(1)第一个原则：符号的任意性

任意性指“能指和所指的联系是任意的。或者，因为我们所说的符号是能指和所指相联结所产生的整体，我么可以更简单地说，语言符号是任意的”(p102)。索绪尔进一步解释说，“任意性等同于不可论证性”(p104)。索绪尔这样论证语言符号的任意性，“例如‘姐妹’的观念在法语里同用来做它的能指的 s-ö-r 这串声音没有任何内在的关系；它也可以用任何别的声音来表示。语言间的差别和不同语言的存在就是证明：“牛”这个所指的能指在国界的一边是 b- ö-f，另一边却是 o-k-s”(p103)。

确实，能指和所指之间存在着显见的任意性。例如，“山”的观念在汉语里同“shan”这串声音没有任何内在的关系，其实它完全也可以用“shui”或其他任何声音来表示。反过来说也是一样，“shan”这串声音可以指向“山”的概念，也可以指向“水”或其他任何事物的概念。

拟声词与感叹词似乎是符号任意性的反例，索绪尔对此的态度是：第一，“拟声词不是语言系统的有机成分，而且它们的数量比人们所设想的少得多”(p104)。第二，这两类词其实也并未彻底摆脱任意性，同一个声音所对应的拟声词或感叹词在不同的语言中是不尽相同的。“它们的选择在某种程度上已经就是任意的”(p105)。

理解符号的任意性，还需结合下面两组概念来进行。

其一，任意性与约定性。任何符号的能指和所指之间都存在一种约定，索绪尔有一段表述："一个社会所接受的任何表达手段，原则上都是以集体习惯，或者同样可以说，以约定俗成为基础的。"约定可以是任意性的约定，也可以是象征性的约定。在索绪尔看来，语言符号的能指和所指之间无疑是任意约定的关系。

其二，任意性与强制性。索绪尔在给任意性进行注解时提到："任意性不应该使人想起能指完全取决于说话者的自由选择(我们在下面将可以看到，一个符号在语言集体中确立后，个人是不能对它有任何改变的)。"这就是说，符号不仅具有任意性，也具有强制性，任意性在能指和所指之间产生，强制性在符号和社会集团之间产生。符号一旦确定，它就进入了语言集体的强制性使用过程，个人不能任意改变符号的使用，符号只会在时间及社会集体的作用下发生改变。按索绪尔的话来说："能指对它所表示的观念来说，看来是自由选择的，相反，对使用它的语言社会来说，却不是自由的，而是强制的。语言并不同社会大众商量，它所选择的能指不能用另外一个来代替。"(p107)

符号的任意性原则并不是索绪尔首次提出来的，却被索绪尔首次置于"第一原则"的高度。索绪尔说："符号的任意性原则没有人反对。但是发现真理往往比为这真理派定一个适当的地位来得容易。任意性原则支配着整个语言的语言学，它的后果是不胜枚举的。"(p103)

索绪尔并未就语言任意性产生的后果展开直接的论述，而这条原则的重要性绝不是不证自明的，我们将在后文单独分析。

索绪尔指出任意性可以分出绝对任意性和相对任意性两种类型，后者在一定意义上是对前者的补充。从最小的符号单位来看，能指和所指之间只有绝对的任意关系；但若从符号机构来看，相对任意性是一种普遍的属性。"符号任意性的基本原则并不妨碍我们在每种语言中把根本任意的，即不能论证的，同相对任意的区别开来。只有一部分符号是任意的；别的符号中却有一种现象可以使我们看到任意性虽不能取消，却有程度的差别：符号可能是相对地可以论证的"(p181)。例如，"法语的 vingt(二十)是不能论证的，而 dix-neuf(十九)却有相对的论证性，因为它会使人想起它赖以构成的要素和其他跟它有联系的要素，例如 dix(十)，neuf(九)，vingt-neuf(二十九)，dix-huit(十八)，soixante-dix(七十)”，等等(p182)。

相对可论证的概念包括：“(1)把某一要素加以分析，从而得出一种句段关系；(2)唤起一个或几个别的要素，从而得出一种联想关系”(p183)。句段关系和联想关系构成了对任意性的限制。“句段的分析越是容易，次单位的意义越是明显，那么，论证性就总越是完备”(p182)。不过，在索绪尔看来，不可能有绝对的充分的论证性，“论证性永远不是绝对的。这不仅因为可以论证的符号的各个要素本身是任意的(试比较‘十九’中的‘十’和‘九’)，而且因为整个要素的价值永远不等于各部分的价值的总和(‘梨树’不等于‘梨’加‘树’)。”

索绪尔进一步指出，绝对任意性和相对任意性在任何一种语言中都是综合存在的。“各种语言常包含两类要素——根本上任意的和相对地可以论证的——但是比例极不相同，这是我们进行语言分类时可能考虑的一个很重要的特点。”“不可论证性达到最高点的语言是比较着重于词汇的，降到最低点的语言是比较着重于语法的。”

索绪尔关于绝对任意性和相对任意性的区分，使我们看到任意性概念必须在语言的不同层面加以解释，虽然索绪尔对此没有明确说明。

(2)第二个原则：能指的线条特征

同任意性尤其是相对任意性相关联，索绪尔提出能指的线条性。能指的线条性指的是：“能指属听觉性质，只在时间上展开，而且具有借自时间的特征：(a)它体现一个长度，(b)这长度只能在一个向度上测定：它是一条线。”(p106)听觉的能指不同于视觉的能指，“视觉的能指可以在几个向度上同时并发，而听觉的能指却只有时间上的一条线；它的要素相继出现，构成一个链条。我们只要用文字把它们表示出来，用书写符号的空间线条性代替时间上的前后相继，这个特征马上可以看到”。(p106)可见，能指的线条性有两层含义，一是时间上的线条性，二是空间上的线条性，前者决定了后者，前者是潜在的，后者是显现的。

索绪尔把能指的线条特征视为语言符号的第二个重要原则，强调这个看似十分简单的原则极为重要，“它的后果是数之不尽的；它的重要性与第一条规律不相上下。语言的整个机构都取决于它”。

能指除了线条性特征之外，是否还存在非线条性特征呢？索绪尔谈到了重音的不同寻常，但依旧维持对能指线条性的判定。“例如我用重音发出一个音节，那似乎是把不止一个有意义的要素结集在同一点上，在这行为内部并没有什么二重性，而只有和相邻要素的各种对立。”这是说，重音是依附在音节之上的，本身形成不了一个向度，且重音也只有在于其前、后音节对比中才能体现出来，所以仍然只以线性为特征。

4. 语言符号的决定作用

(1)语言符号的性质决定了语言和言语的区分

语言符号最基本的属性是社会性和心理性。在索绪尔看来，这两大属性正是将语言和言语的区别开来的内在依据。语言具有社会性，言语具有个人性；语言具有心理性，言语具有心理性和物理性。由此，语言和言语必须区别开来，语言是语言学的研究对象。

(2)语言符号的任意性和线条性决定了共时和历时的区分

任意性决定了语言符号既具有不变性又具有可变性。既然符号中能指和所指的结合是任意的约定，那么，只要是社会的公认，任何音响形象和任何概念相结合都无不可。一旦符号形成了，某一音响形象和某一概念结合起来了，就没有必要加以改换，也找不出加以改换的理由，因为这种结合本来就是无理可说的。但是，由于语言符号的能指要在时间中绵延，而时间会使一切事物发生变化，又因为语言符号中的能指和所指之间的结合是任意的，无理可说的，改变了能指和所指的关系也没有什么关系，因此，语言符号又具有可变性，不能抵抗时间对它所加的压力。

语言符号的不变性和可变性内在地引出了研究语言的方法论的问题，即索绪尔提出的划分共时语言学与历时语言学的问题。语言既然是具有不变性的符号系统，它就可以这种不变的、固定的符号系统的身份存在于某一时间的片段中；语言既然又具有可变性，它就可以在前后不同的时间片段间发生演化。这样，就有必要把语言现象分为语言的共时秩序和语言的历时秩序，并把语言学分为共时语言学与历时语言学这两门性质不同的学科。

(3)语言符号的任意性和线条性为系统理论奠定了基础

系统理论是索绪尔整个共时语言学的核心理论。索绪尔认为语言符号是一个价值系统，同时也是一个关系系统。这两点基本认识分别与语言符号的任意性和线条性有关。

语言符号的任意性内在地决定了语言符号是一个价值系统。符号是能指和所指的结合，两者的结合是任意的。就能指或所指单独而言也是任意的。各种语言均有一套不同的能指，以不同的方式发音和划分声音连续体，各种语言也均有一套不同的所指，以任意的方式把世界分成不同的概念和范畴。例如，不同的语言对颜色的切割不尽相同，中国古代将颜色分为“青、黄、赤、白、黑”五色，有的语言把颜色分为十多种，有的语言只把颜色分为“黑、白”两色。只有两色的民族，并不是不能识别其他的颜色，而是将别的颜色归并进了黑白两色，即这个民族的黑色与白色比其他民族的黑色和白色有更大的范围。这就表明，概念的划分方式不是天然的、必然的或者必须的，而是任意的。也就是说，概念不是由某种本质的东西决定的，而是通过与系统内其他成员之间的关系确定的。所指是这样，能指也是这样，它在实质上不是声音的，而是无形的：不是由它的物质，而是由它的音响形象和其他任何音响形象的差别构成的。概言之，语言是形式而不是实质。语言符号的价值由它们与系统中其他要素的关系而确定，语言不能脱离系统而存在。

能指的线条性又内在地决定了语言符号是一个关系系统。能指的线条性既指时间上的线条性，也指空间上的线条性，当然后者取决于前者。正是由于能指在空间上是线性展开的，能指和能指之间，或者说符号与符号之间就具有了组合性的关联及以组合关联为参照的聚合关联。由此可见，能指的线条特征是索绪尔提出“句段关系”和“联想关系”这两大根本关系的内在依据，语言符号的价值在由句段关系和联想关系构成的关系网络中得以确定。

二、学术思想的形成背景

1. 历时比较语言学的危机

索绪尔在《教程》中所提出的语言学说，矛头是完全对准了青年语法学派的。应该承认，在19世纪70年代崛起的青年语法学派的理论和实践，曾经推动了历史比较语言学的前进。但是，到了19世纪末20世纪初，他们的观点转化成了阻碍语言学前进的教条。在这个学派的影响下，语言学经过一段时间的蓬勃发展以后，停滞了，形成了所谓的语言学的“危机”。这些危机主要是：

(1)他们提倡要研究活的民间语言和方言，但由于过于坚持对于语言的个人心理主义的观点，以至荒谬地认为只有个人的语言才是真实的，个人之上的地区方言、民族语言都是虚构的。这样一来，作为社会交际工具的语言，即语言学的真正研究对象被抹煞了。

(2)他们只研究语言的语音和一部分形态，而语言学的其他部门“语义学、句法学、词汇学”均被他们排除出研究的范围，语言研究的范围被大大地缩小了。由于他们拒绝研究语言的各个方面，就使他们只研究语言的个别、孤立的形式和范畴，而看不到语言是一个组成成分互相联系互相作用的体系，陷入到“原子主义”的泥潭。

(3)他们宣称，对于语言学来说，只有语言历史的研究才是唯一科学的。这样一来，就把语言历史的研究绝对化了、万能化了，而语言现状的研究被忽视了。

索绪尔提出了一整套新的理论原则，开拓了语言研究一系列新的方面，使人们对语言的特性有了更深的理解，使语言学从青年语法学派的死胡同里走了出来，跨入了现代语言学的广阔新天地。

2. 前辈学者的影响

任何开一代学风的新的理论体系都不可能是由某一位学者凭空想象出来的。索绪尔的语言理论产生于风云际会的19世纪末20世纪初，自然也受到了多位学者的影响。

(1)涂尔干

一般认为，索绪尔和法国社会学家埃米尔·涂尔干(E. Durkheim,

1858—1917，又名迪而凯姆)有密切关系，索绪尔语言理论的哲学基础是涂尔干的社会学。涂尔干认为社会是一种特殊的心理实体，是无数意识的合体，社会的本质是心理关系的累积。他提出把各社会科学都纳入社会学的范畴。索绪尔将符号学视为社会心理学的一部分显然是吸收了涂尔干的社会学观点。

索绪尔将语言看成是一种“社会事实”。涂尔干作为社会学家，对诸如“社会事实”等一系列社会学概念下过定义。所谓“社会事实”，他定义为“在个人之外，对于个人有一种强制力的行动、思维和感觉的样式”。如人伦关系，做儿子，做父亲，应该怎样做有礼数，各个时代有道德规范，都有一种强制力。又如宗教，对于人是一种存在，从小养成宗教习惯，那是存在于个人之外的。涂尔干认为这种社会事实是个人的集合，凭相互的作用、集合的表象构成。它的基础在于社会，而不是在于个人。认为语言在本质上是社会的，独立于个人之外的。正是基于此，索绪尔将语言和言语区分开来。

涂尔干的社会学源自法国的孔德(A. Comte，1798—1857)，孔德是法国社会学的鼻祖。他第一个将社会学的研究区分为“静态的系统”和“动态的法则”，两者的研究内容不同但互相适应。这一思想可看作索绪尔共时历时区分的先声。

(2)洪堡特

索绪尔是否直接受到德国语言学家洪堡特(W. Humboldt，1767—1925)的影响，学界尚难断定。在迄今所发现的材料中，索绪尔关于洪堡特的论述只有一小段，是他在讲课时提到的，其原话由一个学生记录了下来：“威廉·冯·洪堡特几乎完全是从民族语言学的角度对世界语言的结构进行了哲学思考。洪堡特著作的实质目的在于建立语言学与逻辑学的关系。然而他的动力却是来自他关于民族学的研究”。无疑，索绪尔是读过洪堡特的作品的，同时也可发现，索绪尔对洪堡特在民族学(即人类学)方面投入的工作并不以为然。

但不可否认，索绪尔的系统观和洪堡特的系统观存在一定的相似性。洪堡特说：“(语言系统的)每个成分都依赖于其他成分而存在，所有成分都依赖于一种通贯整体的力量”，“语言中没有任何零散的东西，它的每一要素都只是一个整体的组成部分。”他还指出，在语言系统中，关系决定着要素的地位和作用。“事实上，每个具体的音都是根据它与其他音的关系而构成的”。洪堡特对语言系统（他称之为“有机体”）能有如此深刻的认识，很大程度上要归功于当时德国的科学和自然哲学的进步。对系统或“有机体”的特性的分析，也见于康德的《批判力批判》。有人认为，在德国完成学业的索绪尔在某些方面很像康德，不能说没有道理。

不过，洪堡特比索绪尔更重视要素的独立性，同时不像索绪尔那样把系统和演化对立起来，洪堡特探讨了系统的演变，即系统内部的平衡、失衡、再平衡的发展过程。

（3）惠特尼

索绪尔的有关语言的任意性、符号性的思想受到美国语言学家惠特尼（W. D. Whitney，1827—1894）的深刻影响。他在《教程》里多次提及惠特尼并给予高度评价，称他“把语言学置于它的真正的轴线上”。

惠特尼在《语言的生命和成长》和《语言和语言研究》二书中，对语言符号的任意性问题做出相对一致的阐释。其基本理论要点可以概括为：语词与思想或观念之间没有内在、必然、自然的关系，二者间的联系是任意的，二者结合的纽带是外部的，即社会共同体的共识和约定。同时，惠特尼的符号任意性思想并非停留于这样的定义水准。他指出：“语言，无论就其单个项目，还是就其整体而言，首先是观念的符号，也即伴随着观念的符号。抽取所涉及问题的任何一个方面作为核心问题，势必将语言整体置于错误的状态，并且歪曲每一部分之间的比例和关系。由于语言科学探寻其原因，并致力于解释语言事实，因此必然出现关于这一事实的基本发问：语言这种符号是怎样获得如此应用的？其产生和应用的历史为何？其最终的起源和理由是什么？”不难看出，惠特尼正是基于对语言符号这样的本体论哲学反思，才实现对语言符号任意性的抽象提炼和逻辑推导。

（4）库尔特内

波兰语言学家库尔特内（B. Courtenay，1849—1929）是俄国喀山学派的创始人。他与索绪尔是同时代的人，两人有学术往来。库尔特内的不少语言学思想与索绪尔具有一致性，特别是他第一个论证了区别静态研究与动态研究的必要性，并且强调静态描述的重要意义，对索绪尔不会没有影响。

库尔特内在1877—1878学年讲义(1879年发表)中就开始区别“语言的平衡规律”和“语言的历史发展规律”，说前者制约语言的某种状态，属于静态分析，后者制约语言的发展变化，属于动态分析。他认为，为了揭示语言机制，分析语言系统，静态方法比历史分析更有成效，因为语言系统是语言成素的稳定状态。他还在《对语言学和语言的若干原则看法》(1871年)中提出所谓“时代原则”，强调对于某一特定时代的语言结构，不应该用它过去的或未来的范畴去衡量，科学不能把毫不相干的范畴强加给研究对象，而只能在对象中寻找实际存在的、制约其结构的东西。

库尔特内所说的静态与动态，跟后来索绪尔关于共时态与历时态的观点是互相吻合的。不同之处是，他既主张对两者加以区别，又承认它们之间的联系。他在一篇自传(1897年)中写道：“语言中没有固定不变的东西。……在语言中，如同在整个自然界中一样，一切都在活动着、运动着、变化着，静止、停顿、停滞都是表面现象，那是运动在变化最小时的一种个别状态。语言的静态不过是其动态——确切些说，是其动程——的特殊阶段。”索绪尔虽然也明了共时和历时之间的依存关系，但更主要的立场是把两者对立起来。

索绪尔是前辈和同辈语言学家发表的真知灼见的集大成者。他理解并接受前人局部的有时是中断的新思想，融会贯通，在继承、借鉴的基础上大胆创新，综合为一个严密的理论体系。

三、《教程》的编辑和版本

(一)编辑与考证

1. 编辑

《教程》由索绪尔的学生巴利(C. Bally)和薛施蔼(A. Sechehaye)

编辑，对巴利和薛施蔼来说，整理这部著作有两个不利条件。

首先，索绪尔本人没有留下讲稿。他们这样写道："使我们大为失望的是：与学生笔记内容相对应的东西，我们一点也没有找到，或者几乎没有找到，索绪尔陆续销毁了那些逐日拟订的讲课提纲的草稿。"

其次，他们没有系统听过索绪尔的三次讲授。他们虽然听过索绪尔的课程，但普通语言学这门课却没有听过。因为索绪尔 1907 年初开始讲授这门课时，这两位高足已经工作多年，是成名的语言学家了，无暇聆听这门课了。他们说："更令人失望的是，我们当时担任的工作，几乎使我们完全无法亲自聆听索绪尔这些最后的讲授。"

巴利和薛施蔼只得转而收集学生们的听课笔记，收集到大量而完整的笔记之后，摆在他们面前的是一项综合性的重构索绪尔语言学理论的工程。困难之处在于：索绪尔三次授课的内容很不相同，该以哪一次为准？例如语言和言语的区分作为索绪尔的基本思想之一却是第三次课才提出来的。他们最终采取了这样的方法——以第三次讲授的内容为基础，对全教程重加整理和综合，利用所掌握的一切资料，包括索绪尔自己的笔记，以资补充。

2. 考证

经过两位编者的重构之后，《教程》是否会有失忠实呢？由此，对《教程》的考证成了学术界的一项重要工作。50 年代后，先后出版了一批专门考证和研究《教程》稿本的专著，主要有：

① 巴利的学生、瑞士日内瓦大学教授戈德尔（R. Godel）1954 年在《索绪尔研究集刊》第 12 期上登载了他编辑的《索绪尔未刊笔记》；1957 年出版了《索绪尔〈普通语言学教程〉稿本溯源》，该书将一些听索绪尔讲授各种课程或演讲的人所留下的笔记，索绪尔自己留下的一些卡片，一学生所记录的索绪尔有关静态语言学课程的谈话，另一学生记录的他与索绪尔四次谈话的记录，索绪尔给梅耶的七封信等原始资料收集在一起，和《教程》相对比。这本书可以说是《教程》的笺注。全书共四章，第一章论述普通语言学在索绪尔生活史中的地位；第二章对笔记资料进行分析，写出有关《教

程》的注解；第三章论述《教程》的编者的工作；第四章论述对索绪尔某些理论的解释问题。1959 年戈德尔又将巴利和施薛霭不曾见到的索绪尔学生孔斯唐丹(E. Constantin)听第三次讲课的笔记以《索绪尔学派新文献》为名在《索绪尔研究集刊》第 16 期上予以介绍。孔斯唐丹任教于日内瓦大学，1958 年他把笔记赠送给大学图书馆，才使这份珍贵的文献公之于世。1960 年，戈德尔在《索绪尔研究集刊》第 17 期上发表了索绪尔撰写的回忆录《关于青少年时期和求学年代的回忆》，编辑整理出《索绪尔手稿汇编》。

② 戈德尔的学生、瑞士学者恩格勒(R. Engler)于 1967 年出版了《索绪尔〈普通语言学教程〉评注本》的初版，该书以《稿本溯源》等资料为基础，共两卷四册，于 1974 年出齐。前三个分册，恩格勒在戈德尔搜集材料的基础上，将编者巴利和薛施蔼整理的《教程》的相应段落、一至三期课程学生笔记中的相应词句、孔斯唐丹的听课笔记中的相应词句、索绪尔本人手稿中的相应词句，分成六栏，一一对照排列。在对照中，凡是《教程》中有而其他材料中没有的句子，恩格勒就用括号括起来，表明这是巴利和薛施蔼的理解。凡是在三期课程的学生笔记中被编进《教程》的词句，都用黑体字排印，以求醒目。恩格勒对勘的材料一共有 3281 条。第四个分册汇编索绪尔的手稿。其中有索绪尔 1891 年在日内瓦大学三次演讲的讲稿，索绪尔 1894 年 11 月应美国语言学会邀请撰写的纪念惠特尼的论文以及其他手稿。

恩格勒的考证工作，实质是一种校勘工作。他的校勘给人最深的印象，是一些一向被视为索绪尔名言的词句，实际非索绪尔亲口所说。例如《教程》最后一句“语言学唯一、真正的对象是语言，是从语言本身也是为语言本身来考虑的语言”。另一句名言“语言是形式而不是实质”也是如此。

③ 意大利学者莫罗(T. Mauro)于 1967 年出版了《索绪尔〈普通语言学教程〉评注本》。他从 1964 年开研究索绪尔，并得到恩格勒的全力帮助。在三种索绪尔著作考证工作中，莫罗的材料是最丰富的，见解也是最深刻的。他依据的有关索绪尔思想材料的论著有四百多种。全书分六个部分：第一部分是序言，概述索绪尔的学术成

就；第二部分是《普通语言学教程》全文；第三部分是索绪尔评传，对索绪尔生平和各个时期的生活作了系统全面的介绍，并对版本的理论体系及其影响进行广泛考证和评述；第四部分是附录和补编，分析索绪尔语言理论与其他语言学家和流派的承接与异同；第五部分是注释，详细注释《教程》，共计 305 条，参考书目约 450 种。第六部分为索引。

莫罗认为《教程》忠实地再现了索绪尔语言学理论的某些组成部分，但理论的整体框架未能忠实显现，这主要表现在编排的次序上，编次是理论的逻辑内涵和逻辑力量的体现。在对索绪尔资料的考证工作中，莫罗最重视在深入理解索绪尔思想的基础上对索绪尔理论的整体框架进行重组。

④ 俄国语言学家斯留莎列娃（Н · А · Слюсарева）1990 年编辑出版俄文版《索绪尔普通语言学札记》。此书依据恩格勒的评述本编写而成，包括三个部分：其一，索绪尔的原稿。包括各个时期的讲稿、文稿、书稿和笔记。其二，索绪尔 1903 年的一篇回忆录。其三，索绪尔 1889 年写的三封信，信的内容都跟立陶宛语有关，其中两封是写给波兰语言学家库尔特内的，一封是写给立陶宛学者姚纽斯（K. Jaunius）的。至此，斯留莎列娃将所发现的索绪尔原稿汇总在一起，对《教程》的稿本做了进一步考证和补充。

上述学者经过仔细核校，指出《教程》在编写工作上存在的一些问题，综合起来主要有如下四点：

第一，没有把索绪尔最主要的论点（即语言符号和共时研究是最主要的研究方法）放在全书的绪论部分，作为索绪尔语言学的纲领；

第二，改动了编排的顺序，没有反映出索绪尔论点的潜在逻辑；

第三，删减了部分重点内容，尤其是关于符号系统的论述；

第四，增加了部分章节内容，将《音位学原理》作为附录加入《导论》，在结构上游离于全书之外。据戈德尔的考证，这部分的内容，索绪尔在三次教程中一次也没有讲过。再如，一些重要论点并非索绪尔原话。

但总体而言，《教程》是忠实的，代表了索绪尔的语言观点。不足之处以及其他一些受人指摘的地方，对于全书的整理出版工作来说，是瑕不掩瑜的。

(二)版本与译本

1. 版本

《教程》1916年在法国洛桑出第一版，1922年在巴黎出第二版，此版有少量改动，其后连续出了第三、四、五版，均不再有变化。

1993年，英国Pergamon出版社出版了索绪尔第三期课程的听课学生孔斯唐丹的听课笔记《索绪尔第三期普通语言学教程》。这本书由小松·英辅(E. komatsu)和罗伊·哈里斯(R. Harris)编辑和翻译，是一个法英对照本，共173页。

《索绪尔第三期普通语言学教程》与《教程》在编排上有明显差异：《索绪尔第三期普通语言学教程》按索绪尔讲授的时间顺序编辑，《教程》按普通语言学涉及的部门分类编排。有关地理语言学的内容是索绪尔在第一部分讲授的，他意在通过阐述语言和地理的关系说明时空对产生语言差异所起的作用，进而为区分语言和言语铺平道路。《教程》把有关内容分离出来，并专设"地理语言学"部分编排在后。

2. 译本

(1)《教程》译本

世界许多语言都有《教程》的译本。日译本最早，于1928年出版，1931年有德译本，1933年有俄译本，1945年有西班牙语译本。其他译本都是在20世纪50年代陆续出版的：英译本(1959)、波兰语译本(1961)、意大利语译本(1967)、匈牙利语译本(1967)、塞尔维亚-克罗地亚语译本(1969)、瑞典语译本(1970)、葡萄牙语译本(1971)、越南语译本(1973)、朝鲜语译本(1973)、阿尔巴尼亚语译本(1977)、土耳其语译本(1976—1978)，中译本(1980)。

《教程》完整的中译本有两个版本：第一个版本是由高名凯译、岑麒祥和叶蜚声校注的中译本。这本书是高名凯先生于1963年根据索绪尔原作法文第三版翻译的，1964 年由岑麒祥先生参考俄译本和英译本校订，因各种原因该译本被搁置了十余年，1979 年再由叶蜚声根据原文和英、俄、日译本校订与补注，1980 年由商务印书馆出版。该译本修订时接受了南京大学法语教授程曾厚的一些修改意见。此后的 20 多年里，高名凯的译本一直是中国学者了解和研究索绪尔思想的最为重要的依据。该书校注的一个特点是把跟索绪尔同时代的语言学家的论点在脚注中加以说明，指出他们和索绪尔的异同。例如第 92 页关于以响亮度作为划分音节的理论，第 114 页关于人造语能否不受时代的影响而变化的论点，第 130 页关于共时研究或历时研究以谁为主的问题，都举出了同时代语言学家相同的或不同的观点，让读者做出自己的判断。比起日译本，这本汉译本要晚五十多年，但是本书的校注者加了近二百条注，由于注者语言学的功力，许多不易读懂的细节易读多了，补偿了晚出的缺陷。1980 年刊出的《语言学论丛》第 6 辑刊发了高名凯 1964 年为中文版教程写的长篇序言《德·索绪尔和他的〈普通语言学教程〉》，对索绪尔和他的语言学理论进行全面、系统的介绍和评价，虽然不免受到那个时代政治的影响，但相对还是比较公正的，能帮助人们更好地理解索绪尔的语言理论。第二个版本由裴文依据法文第五版译出，由江苏教育出版社 2001 年出版。

在中国，方光焘先生其实早在 1962—1963 年就根据日译本翻译了绪论及第二编(共时语言学)，并给学生授课，20 世纪 80 年代后期经过陆学海和方华二人整理后，以《索绪尔〈一般语言学教程〉选讲》为题收入他的《语法论稿》(1990)，由江苏教育出版社出版。该文除了概述索绪尔《教程》相关章节的主要内容以外，还讲解了方光焘先生对文中重要观点和重要术语的理解，并谈到对其他学者观点的一些看法。该文后又收入商务印书馆于 1997 年出版的《方光焘语言学论文集》。

(2)《索绪尔第三期普通语言学教程》译本

《索绪尔第三期普通语言学教程》这本书的中译本也有两个版本：一个是张绍杰的《普通语言学教程：1910—1911 索绪尔第三度讲授》，2001 年由湖南教育出版社出版。一个是屠友祥根据小松荣介的整理本翻译的《索绪尔第三次普通语言学教程》，2002年由上海人民出版社出版。

附1：《普通语言学教程》目录

绪论
第一章　语言学史一瞥
第二章　语言学的材料和任务；它和毗邻科学的关系
第三章　语言学的对象
第四章　语言的语言学和言语的语言学
第五章　语言的内部要素和外部要素
第六章　文字表现语言
第七章　音位学
附录：音位学原理
第一章　音位的种类
第二章　语链中的音位
第一编　一般原则
第一章　语言符号的性质
第二章　符号的不变性和可变性
第三章　静态语言学和演化语言学
第二编　共时语言学
第一章　概述
第二章　语言的具体实体
第三章　同一性、现实性、价值
第四章　语言的价值
第五章　句段关系和联想关系
第六章　语言的机构
第七章　语法及其区分
第八章　抽象实体在语法中的作用
第三编　历时语言学
第一章　概述
第二章　语音变化

第三章 语音演化在语法上的后果
第四章 类比
第五章 类比和演化
第六章 流俗词源
第七章 粘合
第八章 历时的单位，同一性和现实性
第三编和第四编附录
A 主观分析和客观分析
B 主观分析和次单位的确定
C 词源学
第四编 地理语言学
第一章 关于语言的差异
第二章 地理差异的复杂性
第三章 地理差异的原因
第四章 语言波浪的传播
第五编 回顾语言学的问题 结论
第一章 历时语言学的两种展望
第二章 最古的语言和原始型
第三章 重建
第四章 人类学和史前史中的语言证据
第五章 语系和语言的类型

附 2：《索绪尔第三次普通语言学教程》目录

第一部分 种种具体的整体语言
第一章 整体语言的地理差异
第二章 关于可以将地理差异交织汇通的诸类事实
第三章 从原因的角度来考察语言的地理差异
第四章 文字表现整体语言
第二部分 抽象的整体语言
第一章 整体语言与群体语言的区分
第二章 语言符号的本质

第三章　构成整体语言的具体实体是什么
第四章　整体语言的抽象实体
第五章　整体语言内的绝对任意性和相对任意性
第三部分　有关抽象的整体语言的补充意见
第一章　整体语言和个体语言
第二章　抽象的整体语言作为符号体系
第三章　符号的不变性和可变性
第四章　静态语言学和历史语言学。语言学的二元性
第五章　要素的价值和词语的意义
第六章　结语

第二章　索绪尔学说在中国的接受——时代篇

索绪尔学说引入中国的时间虽不算晚，但一直介绍得比较零散，直到1980年《教程》中译本的问世才标志着全面系统的索绪尔学说在中国传播开来。此后，索绪尔学说得到中国学者深入而广泛的研究，研究热度保持至今。我们依据索绪尔学说在中国被研讨的广度和深度将其分为四个时期：初步引介期(三四十年代)、介绍批判期(五六十年代)、重新认识期(70年代末至90年代末)及深入拓展期(21世纪)。

第一节　初步引介期

20世纪30年代到40年代，是索绪尔学说在中国的初步引介期。30年代起，索绪尔的学术思想陆续介绍到我国，陈望道、方光焘两位先生是中国最早传播索绪尔学说并把它运用于教学与研究的学者。30年代后期到40年代初开展的"文法革新讨论"，则是一次比较深入的引进、传播索绪尔思想的过程。总体上说，这一时期的引介工作是零散的，缺乏系统性的，只是引进了某些重要概念。

一、最初的引介

(一)陈望道

陈望道早年留学日本，精通日语。依据小林英夫的《教程》日译本①《言语学原论》(1928 年)对索绪尔有一定了解。早在 1932 年出版的《修辞学发凡》中，陈望道就大量运用了索绪尔的语言学理论。正如后来陈望道先生(1985：308-309)自己所言：我的修辞学理论用的就是语言学的工具，把语言学的原理用到写作上来。当时我接触比较多的就是索绪尔的语言学说。

《修辞学发凡》第二篇“说语辞的梗概”的表述中明显可见索绪尔思想的痕迹。该篇一开始就写道：“言辞就是普通所谓的语言，语言最广泛的界说就是所谓的一系列符号，符号的数量无数。人类的感觉器官几乎都可以占有若干符号……而最常用又最有用的，却是一种听觉的符号，就是口头的语言。”这与索绪尔语言符号性质理论完全吻合。在该篇第三节“声音语”里，陈望道写道：“这种间接的声音，在约定习成之后，自然也觉得声音和意义之间仿佛有着一种自然的必然的关系，似乎无可改动，无可移易。例如马，你不能叫做鹿，鹿也不能叫做马。但当初，全是适然的，人定的。显然这里揭示的是语言符号的任意性及其不变性。”在该篇第五节“声音”里，陈望道画了这么一个图形：

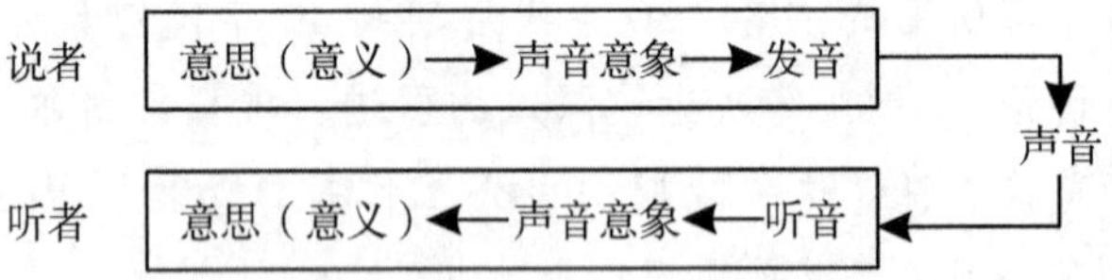

① 我国早期出版的一批语言学著作，如：张世禄的《语言学原理》(商务印书馆，1930 年)、王古鲁的《言语学通论》(上海世界书局，1930 年)，已把这个日译本列入参考书目中。

值得注意的是，陈望道在这里提出了“声音意象”的概念，并解释道：“声音意象平常多不过是抽象的声音，由于各个具体的声音中，抽去许多个别的因素，单单留下一些共同的因素构成。固然没有时分地点方向距离等因素。也没有音色轻重等因素。只是一个漠然的声音意象。”很显然这个概念也是出自索绪尔的语言理论，只不过高名凯把它译作“音响形象”。“音响形象”是索绪尔学说中一个十分重要的概念，正是在它的基础上发展起来了音位学理论。

陈望道在《修辞学发凡》第二篇里对语言的深入分析，显示出当时他对索绪尔学说的深刻领会。但他并没有明确提及索绪尔及其语言学理论，更没有对这些理论作系统的介绍。

陈望道(1938)发表了《说语言》一文，专门论述法语中 langage、langue 和 parole 三个术语的区别，并把它们分别译作语言(语言活动)、话语和言谈。陈先生在这篇没有出现索绪尔大名的文章中，第一次正式介绍了索绪尔区分语言和言语的语言观，指出“这三种区别在语言学上颇重要”，langage“是指表情达意的一种活动、一种作用”，langue“是指某一社会、某一民族、某一国家所用的表情达意的手段的具体的体系”，parole“是指各人所有的表情达意的能力的行使，或是指某社会所有的表情达意的手段的运用”，这三者之间的关系为：

$$\text{语言(语言活动)}\begin{cases}\text{话语}\\\text{言谈}\end{cases}$$

据陈望道先生的学生倪海曙说(1982：6)，1938 年陈先生在上海讲授“中国语文概论”时，已经很详细、很完整地介绍了索绪尔的语言学理论。

(二)方光焘

方光焘很早就开始从事索绪尔著作的翻译和理论的研究，并终生坚持索绪尔学说。方先生留学日本(1918—1924)时，通过《教程》日译本及小林英夫等学者的有关现代语言学的论著对索绪尔理论进行研究。1929 年到 1931 年，方先生留学法国，就读于里昂大学，受到索绪尔的学生梅耶和房德里耶斯的教导，对索绪尔著作有了更深入的钻研。方光焘是我国大学中最早开设语言学理论课程的学者之一，在讲授这门课时，他把《教程》作为主要的教学参考书。

二、文法革新讨论

从1938年到1943年，以上海《语文周刊》为主要阵地，发起了一场对汉语语法研究有着深远影响的文法革新讨论。参加者有陈望道、方光焘、傅东华、金兆梓、张世禄等人。文法革新讨论是一次比较深入和系统的引进、传播索绪尔思想的过程。胡裕树(1987)评价道："讨论中提出的一些新概念，如'功能'、'广义形态'等，实际上与后来的'分布'理论相近，可以说是我国语法学界对结构主义理论和方法的首次运用和探讨。"邵敬敏、方经民(1991：45)也说："这次讨论首次引进了以索绪尔为代表的早期结构主义理论，介绍了'所指'、'能指'、'功能'、'结合关系'等重要观念，部分地运用到汉语语法的分析上并取得了积极成果。"

这次讨论的中心议题有四个方面：

(1)语法研究的对象是什么？陈望道提出"文法学是以表现关系为对象的"。他通过标记即符号理论来阐述表现关系。标记关系有内部关系(能记和所记之间的关系)和外部关系(标记与标记之间的关系)，认为"要从标记上限定表现关系只有在这外部关系上加限定"。方光焘则通过区分语言和言语来确定语法的对象："文法的对象是'言语'(language)同时是'言'(speech)。以'言语'为对象的部门叫morphologie(形态论)，以'言'为对象的部门叫satzlèhre(句子论)。"

(2)是否可以建立一个通用于文言和语体的国文法新体系？傅东华认为"语体文和文言文可用同一架格的方法来处理，绝不会遇到窒碍"。方光焘明确表示反对，他根据索绪尔区分"共时语言学"与"历史语言学"的观点，指出："许多语言现象，虽然有待于历史的说明，不过建立现代的文法体系却不能不和'历史'划开；因为现代的文法体系，应该是记述的(descriptive)，而不是史的(historical)。"

(3)划分词类的依据是什么？傅东华主张"分部依据于析句，

析句依附于分部”，因为中国文字无形体变化，词类之分须视其在句中之职务而定。方光焘提出“广义形态说”，他认为“词性却不必一定要在句中才能辨别得出来，从词与词的互相关系上，词与词的结合上(结合不必一定是句子)，也可以认清词的性质”。并提出词与词的结合关系就是一种“广义形态”，因而提出一个著名的论断：“凭形态建立范畴，集范畴而成体系”。陈望道提出“功能说”，功能指“字语在组织中活动的能力”，“代表着因素和因素间的互相依赖互相对应的关系”，故而提议用“表现关系”来代替“广义形态”。两者虽略有不同，但都强调按词语之间的语法关系来划分词类和研究语法，这和索绪尔的价值理论的启示分不开。

(4)采用“一线制”还是“双轴制”？傅东华由于主张词类的划分完全依句子成分而定，实际上词类和句子成分便可以合二为一，所以主张“一线制”。方光焘和陈望道都主张应坚持“双轴制”，即把词法和句法区分开来。陈望道还提出了双轴具体配合的方法，即“将辞例作为语部区分的定准，从语在辞例中的功能探求语部区分的方法”，“可以从配置关系决定辞项分画和辞项配置，从会同关系决定语部区分”。这里所提的“配置关系”和“会同关系”其实就相当于索绪尔的“句段关系”和“联想关系”。

这次讨论的文章先由汪馥香编成《中国文法革新讨论集》，上海学艺社 1940 年初出版，后又由陈望道补充改名为《中国文法革新论丛》，1943 年文聿出版社出版，1958 年中华书局再版。方光焘被胡裕树(1986)评为“我国语言学界全面系统地、严肃认真地介绍索绪尔语言学说的第一人”。

在这次文法革新讨论中，陈望道和方光焘介绍并初步运用索绪尔学说中的某些原理(如语言符号理论、区分共时和历时、句段关系和联想关系、语言价值说等)来分析和解决汉语语法问题，代表了文法革新讨论的最高学术水平。虽然还未能由此建立起一个新的汉语语法学体系，却提出了许多令人耳目一新的见解。这场大讨论，可以看作我国语言学家中接受索绪尔语言理论的陈望道、方光焘与传统的语言学思想的一次大交锋。而文法革新讨论的胜利，则可以看作索绪尔学说在中国语法学中的胜利。

第二节　介绍批判期

20世纪50至60年代，是索绪尔学说在中国的介绍批判期。我国语言学家岑麒祥、方光焘、高名凯、桂灿昆等先生对索绪尔学说进行了较为全面的介绍，学界还开展了关于语言和言语问题的学术讨论，这次讨论是对索绪尔的“语言/言语”理论进行的一次学术论争。苏联语言学家契诃巴瓦、布达哥夫等人评论索绪尔语言理论具有反历史主义的倾向，是资产阶级唯心主义学说。这些文章先后被译成了中文，对我国语言学界有相当大的影响。这一时期，总的说来，中国对索绪尔语言理论的评价否定多于肯定，有些批判不够实事求是。

一、多位学者的介绍

(一)岑麒祥

岑麒祥20世纪20年代曾赴法国留学，师从房德里耶斯、梅耶等人学习语言学。在其1957年出版的《普通语言学》和1958年出版的《语言学史概要》中都列有专章介绍和评介索绪尔的主要理论。岑先生还于1958年发表了《论语言学中的心理社会学派》一文，论述了索绪尔与法兰西学派梅耶和房德里耶斯的渊源关系。

《普通语言学》属于高年级语言学提高课，内容分绪论、语言学的对象、特殊方法、构成和在科学体系中的地位，分专题介绍普通语言学各种流派相关的观点。其中绪论部分介绍了普通语言学史，在第二章“语言学的对象”中，作为一节“索绪尔和梅耶的社会心理主义”中的内容，介绍了索绪尔语言与言语、共时语言学和历时语言学两种区分语言理论。《语言学史概要》第十章“语言学中的心理社会学派”第二节“索绪尔的语言学理论”分“索绪尔和他的著作”和“索绪尔的语言学理论”两部分，后者从语言与言语的区分、语言符号系统、共时语言学和历时语言学、价值、句段关系和联想关系五个方面比较集中地介绍了索绪尔理论。

岑先生对索绪尔学说的评价主要是重复苏联学者的看法。在《普通语言学》中，岑先生说“索绪尔只看重普通语法而漠视历史语法，实际上是反历史主义，因此也是反科学的”。在《语言学史概要》中，岑先生评价道，索绪尔虽然也提出了许多有关语言学的新问题，揭露了一系列有关语言研究的重要方向，使人对于语言的特点得到进一步的更深刻的了解，但是同时也存在着不少的内部矛盾和缺点，特别是他那种反历史主义的倾向和把语言看作一种纯粹关系系统的观念是很难令人满意的。1988 年《语言学史概要》出修订版，对索绪尔语言理论的评价与 1958 年的初版相比没有什么变化。

(二)方光焘

方光焘 1958 年发表《一般语言学的对象与任务》，讨论一般语言学(即普通语言学)名称、我国为什么不重视一般语言学、一般语言学的历史和对象与任务，认为索绪尔提出的语言学的三个任务也是现今一般语言学的努力方向。

方光焘还于 1959 年发表论文《涂尔干的社会学与索绪尔的语言理论》，认为索绪尔的语言社会观受到了法国社会学家涂尔干的影响，并批评这种社会观是存在于意识中的观念的集合，不是具体的历史的现实，具有明显的唯心主义色彩。

60 年代初期，方光焘在南京大学讲授索绪尔语言理论。1990 年江苏教育出版社出版的方光焘的《语法论稿》收录了两篇《索绪尔〈一般语言学教程〉选讲》，一篇标注的时间是 1962 年，一篇是 1963 年，是给研究生做的讲座，是根据听课学生笔记整理的。王希杰先生说方光焘是在中国大学课堂上讲索绪尔理论的第一人，便是从这个时间上说的。

方光焘教授晚年对 1958 年前后中国高等学校批判资产阶级学术思想运动曾感慨：根本没有读过索绪尔著作的学生，根本不懂索绪尔的人，居然大批索绪尔，竟然否定、攻击索绪尔。

(三)高名凯

高名凯受索绪尔影响很深，将索绪尔语言理论融入了我国普通语言学理论体系。高先生早在1948年发表的《语言的结构和哲学的思想》一文中，就对索绪尔的观点有所论述。随后，高先生在总结、吸收和批判国外语言学家的语言理论，特别是索绪尔语言理论的基础上，以《语法理论》和《语言论》两部著作构建了自己语法理论体系和语言学理论体系。《语言论》被认为是我国普通语言学或理论语言学领域的一项创新性工程。高先生在该书中对索绪尔的许多重要的语言学概念作了比较客观地阐释和评述，并把这些概念中的合理成分吸收融入自己的论述中。无论是语言的社会性、语言符号的任意性、语言和言语的关系、语言的系统性、语言研究的共时和历时区分还是语言的价值说，高先生都不仅体会到了索绪尔学说的核心而且往往有自己独到的见解。

高名凯先生于1963年完成了语言学经典著作《普通语言学教程》的翻译，并写了长序《德·索绪尔和他的〈普通语言学教程〉》。因种种原因，中译本和这篇长序直到1980年才问世，长序发表于《语言学论丛》第6辑。高先生还于1964年下半年开了不到一学期的索绪尔语言理论研究课(因病在期末一个月前停课)，助教是后来的索绪尔研究专家索振羽教授。

受当时批判西方学术思想之风时代背景的影响，高先生也对索绪尔语言理论作了批判，批判索绪尔某些思想具有唯心主义错误和反历史主义倾向。

(四)桂灿昆

桂灿昆1962年的《索绪尔的语言学理论简述》一文第一次比较系统、全面、客观地介绍了索绪尔语言学的基本理论。桂先生指出，从对语言学发展的影响来说，索绪尔可以说是语言学史上一个突出的学者。桂先生对索绪尔的思想做了如下总结：索绪尔强调语言是一个符号系统，强调这个系统中各成分间相互依赖相互制约的关系以及这个系统的整体性，同时还强调对这系统状况的静态描写。索绪尔认为同时语言学的任务应当是严格地、单纯地描写这个系统，为这个系统而研究。所以凡是与这个系统无关的或不属于这个系统的东西，都应当严格地排除于这个研究范围之外。同时，索绪尔还提出了一套对语言系统进行分析描写的方法和原则。桂先生这篇文章通篇都是客观的介绍和分析，并未像同时代的其他学者那样对索绪尔学说有所批评，在文末特意声明“对索绪尔思想的全面系统的评价或批判，不是本文范围内的事”。

桂先生1963年的《索绪尔思想对美国结构语言学派的影响》长篇论文则第一次正面评述了索绪尔在结构语言学中的地位，认为索绪尔无论对于欧洲的结构语言学还是对于美国的结构语言学都有着极大的影响。

二、语言和言语问题讨论

语言和言语问题讨论是20世纪五六十年代我国理论语言学界进行的一次有关语言基本理论的较大规模的讨论。自从索绪尔从社会心理角度区分语言、言语和言语活动以后，引起各国语言学家的注意。苏联语言学界20世纪50年代中期讨论语言风格和风格学时涉及了这一问题，以后对此也很重视。高名凯1958年先后在《文风笔谈》和《批判我在语言学工作中的资产阶级思想》两篇文章里提出了语言没有阶级性，言语有阶级性的观点。1959年，方光焘、施文涛发表《言语有阶级性吗?》一文，对高名凯提出的言语有阶级性的观点提出商榷意见，从而展开了讨论。这些讨论文章后来均收入上海教育出版社1963年编辑出版的《语言和言语问题讨论集》中。

这场主要由高名凯、方光焘为对立阵营主将的大讨论，中心问题是言语有无阶级性的问题，涉及语言和言语理论的三个方面的问题：

A. 在语言学中是否有必要把语言和言语区分开来。

B. 区分开来之后，语言和言语的关系如何？或者说，言语是不是有阶级性？

C. 区分语言和言语有什么科学意义和实践意义？

讨论集中在前两个问题上，对第三个问题没有引起足够和广泛的重视。区分语言和言语，是高名凯和方光焘的共识。不同点在于对言语的理解和言语有无阶级性，以及语言与言语的关系。

高名凯认为，言语是对语言的运用，“言语行为或言语活动和言语作品，统称为言语”，语言与言语不是一般和个别的关系。语言没有阶级性但言语却有阶级性，因为言语负载的内容反映了阶级的意识。

方光焘等认为，言语是“言语作品的表达形式”，语言与言语是一般和个别的关系，两者都没有阶级性。在方光焘的组织下，《南京大学学报》1964 年第 1 期刊出《语言与言语问题讨论专辑》，发表 10 篇文章多角度批评高名凯。近些年来，当年方光焘的见习研究员、现在的著名语言学家王希杰教授在博文中承认，无论《语言与言语问题讨论专辑》的编辑，还是方光焘邀请高名凯去南京大学讲学而实质上变成对高名凯的批判，对高名凯都是不公平的。

阶级性在那个年代是一个问题，而现在语言学界没有人再谈这个问题了。通过讨论，汉语语言学界普遍认识到区分语言和言语的重要性，也扩大了索绪尔语言理论的影响。高名凯对言语以及语言与言语关系的理解，现在也为语言学界多数人所接受。

第三节 重新认识期

20 世纪 70 年代末至 90 年代末是索绪尔学说在中国的重新认识期。“十年动乱”期间，索绪尔研究在中国留下了一段空白。粉碎“四人帮”后一直到 20 世纪末，索绪尔研究在中国呈现出新的景象及繁荣发展的态势，索绪尔学说得到了重新认识，被视为推动现代语言学发展的重要学说。这一时期，我国学者从各个方面、各个角度对索绪尔学说进行了深入的介绍和客观的评价，许多学者积极译介国外索绪尔研究的成果，还对索绪尔学说的一些重要理论问题展开了讨论，讨论主要集中在两个方面：一是语言和言语的区分问题；二是语言符号任意性原则的问题。另外，我国还召开了一次以纪念索绪尔去世 80 周年为主题的“现代语言学在中国”的座谈会。

一、著作

（一）《教程》中译本

这一时期出版的介绍索绪尔学说的专著中，最引人注目的便是商务印书馆1980年出版的高名凯翻译的《普通语言学教程》，该书为国内更多读者了解和研究索绪尔创造了必要条件。同年刊出的《语言学论丛》第6辑刊发了高名凯1963年为中文版教程写的长篇序言《德·索绪尔和他的〈普通语言学教程〉》，对索绪尔和他的语言学理论进行全面、系统的介绍和评价，虽然仍不免受那个时代政治的影响，但相对还是比较公正的，能帮助人们更好地理解索绪尔的语言理论。

在高名凯翻译的《普通语言学教程》出版之前，湖北语言学会1979年12月印刷刊行的《江汉语言学丛刊》第一辑登载了徐荣强翻译的《普通语言学教程》(连载)。编者按说“本刊从本集起全文登载索绪尔的名著《普通语言学教程》的译文。全书约二十万字，这次刊出的为原书的四分之一。作者翻译主要根据的是1949年巴黎出版的法文原著的第五版，并参阅了威特·巴斯金译的1960年出版的英译本和苏霍丁译的1933年出版的俄译本。”译文共有79页，内容包括第一至第三版序、绪论和“附录 音位学原理”。从“编者按”中得知，《丛刊》原计划是要“全文刊登”的，所以题目后边有“(连载)”字样；那么，也就是说徐荣强把《普通语言学教程》法文第五版完整地翻译过来了。可是这第一辑后就再也没有了下文。估计是《普通语言学教程》高名凯译本1980年由商务印书馆出版，打断了《江汉语言学丛刊》的连载，使后者的连载失去了意义。但无论怎样，在我国索绪尔语言理论传播和研究的历史中，徐荣强先生是不应该被忘记的。

（二）介绍、研究《教程》的专著

① 刘耀武《普通语言学教程》(1995)

该书的眉题是“国家教委八五规划项目‘当代国外语言学研

究——索绪尔研究'成果"。全书14章共322页，其中有关索绪尔理论部分占六章(第四章到第九章)共131页。"第四章　索绪尔语言学"包括"索绪尔生平""索绪尔语言理论的基本概念""普通语言学教程与原始资料""索绪尔及其时代"和"教程的影响和索绪尔学说"共5节内容；"第五章　索绪尔理论的继承与发展"介绍了索绪尔对哥本哈根学派、社会语言学、符号学、哲学等的影响；"第六章　索绪尔的语言哲学"认为索绪尔思想来自社会学家涂尔干，是"社会学主义"和"心理主义"；"第七章　索绪尔在语言学中的比喻"；"第八章　索绪尔对乔姆斯基的影响"，主要说明索绪尔的语言言语区分对乔姆斯基语言能力和语言运用的影响；"第九章关于索绪尔的重要文献"，介绍国外关于"教程"和索绪尔思想研究的一些著作。

全书的优点是索绪尔生平介绍很详细，国外相关研究介绍得比较多，令不能接触外文资料的学者了解到更多的信息。缺点是没有吸收语言学的通行译名，没有关注汉语语言学界的相关研究成果，且对《教程》主要概念有误解，某些论证不充分。

② 吴为章《新编普通语言学教程》(1999)

作为方光焘60年代初的研究生，吴为章比较充分地吸收了语言学界相关的研究成果，以一种赞赏的态度介绍索绪尔语言理论。书中有两部分内容与索绪尔理论有关。"第一章　普通语言学史"包括三节，其中第二节为"索绪尔和现代语言学"，包括两部分内容："一、索绪尔和他的《普通语言学教程》"；"二、索绪尔的巨大反响"。吴为章先生用占第一章一半，共19页的篇幅介绍索绪尔的语言学理论及影响、语言学界对索绪尔语言理论的研究。第二章题目为"语言和言语"，包括"第一节语言与言语的区分；第二节语言与语言系统；第三节言语与言语环境"，用48页的篇幅单独论述索绪尔的区分和语言学界的争论，语言和语言内部系统，以及语言运用。这在语言学教科书中是绝无仅有的。

③ 徐德江《索绪尔语言理论新探》(1999)

徐德江从1993年到1996年连续四年在他主编的《汉字文化》上发表10篇以《汉语文教学与索绪尔的贡献和局限》为副题的论文，

分专题对索绪尔语言理论进行述评，其后又将在1998年发表的《汉字与普通语言学》与上述10篇文章合编为正文，外加一篇《德·索绪尔和他的〈普通语言学教程〉》作为附录，编成此书。徐德江的索绪尔研究，充满了对索绪尔的误解和歪曲，混淆语言和文字概念，乱用语言学术语。该书出版后，遭到了伍铁平、岑运强和聂志平等学者的严肃批驳。

(三)“语言学概论”教材

① 叶蜚声、徐通锵《语言学纲要》(1981)

这一时期，不少“语言学概论”教材大量引进了索绪尔语言理论。如20世纪80年代最早出版的新编语言学概论教材之一叶蜚声、徐通锵主编的《语言学纲要》一书，把语言看作音义结合的符号系统，并以组合关系和聚合关系作为语言系统的纲，分别讨论了音位、语法、词义的组合和聚合。该书突破了20世纪50年代以来受苏联影响形成的语言学概论教材传统模式，构建了一个建立在结构主义语言学基础上的新的教材体系，代表了80年代我国语言学概论教材的编写水平，成为很多高校本科教学及考研指定教材。

② 李兆同、徐思益《语言学导论》(1981)

同样以索绪尔语言理论为基础的教材，还有由云南大学、新疆大学、西北大学、哈尔滨师范大学、南京大学协作编写的，李兆同、徐思益主编的《语言学导论》。该书根据索绪尔语言理论，把语言看成符号系统，认为符号可分解为语音形式、词义内容两方面。“构成语言的基本要素是语音和语义。把这两种要素结合在一起就可以构成语素、词、短语、句子等不同层级的单位。”全书打破了按语音、词汇、语法编写教材的传统模式，根据语言要素和单位安排有关章节，建立了语言学概论新的教材体系。

徐思益作为方光焘20世纪50年代培养的第一个博士研究生，在同一时期写了《描写语法学初探》(1981)一书。书中除了“描写语法学的基本方法”“词和词类的划分问题”“句子结构”外，还有“语言的形式和内容”“语言符号系统”“语言的共时性和历时性”等普通语言学内容，这些内容体现了索绪尔的语言思想。

(四)"语言学史"类专著

① 冯志伟《现代语言学流派》(1987)

该书第二章是《索绪尔的语言学说》。除索绪尔的生平外，主要从"言语活动、言语和语言""语言是一个符号系统""内部语言学和外部语言学""语言的系统性和符号的价值""共时语言学和历时语言学""句段关系和联想关系"六个方面，完全依照《教程》文本介绍索绪尔的语言理论，没有作批评。该书的增订本由商务印书馆2013年出版。

② 胡明扬《西方语言学名著选读》(1988)

"《普通言学教程》选读"作为该书当中的一章，由程曾厚撰写。该部分摘选"语言和言语""共时和历时""符号理论""系统的概念"和"符号学"等五部分内容，从这五个方面介绍索绪尔学说，并论述了索绪尔和结构主义语言学、结主义思潮的关系，最后从历史继承和索绪尔在语学史上的地位对索绪尔语言理论作了评价："索绪尔是前辈和同辈语言学家发表的真知灼见的集大成者。他理解并接受前人局部的有时是中断的新思想并融会贯通，综合成一个严密的崭新的理论体系。索绪尔不仅有继承和借鉴，更有创新和突破。"

③ 徐志民《欧美语言学简史》(1990)

该书第六章"现代语言学的开创者——索绪尔"，从"索绪尔的研究活动""索绪尔语言理论要点""索绪尔和现代语言学""索绪尔的魅力"四个角度介绍了索绪尔和索绪尔理论。作者根据法文第一手资料和对索绪尔理论长期研究的积累，对索绪尔理论做了比较全面深刻的阐释，批驳了一些错误认识。

④ 刘润清《西方语言学流派》(1995)

该书第四章标题为"索绪尔 现代语言学的开端"，包括"索绪尔语言学产生的背景、关于比较语言学、语言的特征、共时语言学和历时语言学、符号学、索绪尔的影响"等六节。作者在不少长期争议的问题上提出了自己的见解。

二、论文

(一)通论：从整体上介绍、论述索绪尔语言理论

这一时期，对索绪尔语言理论介绍得最为全面详实的当属高名凯的《德·索绪尔和他的〈普通语言学教程〉》。其他的重要论文还有：岑麒祥(1980)《瑞士语言学家德·索绪尔和他的名著〈普通语言学教程〉》；徐荣强(1981)《索绪尔：现代语言学的奠基人》；徐志民(1980)《索绪尔的语言理论》；徐志民(1986)《索绪尔语言理论在中国》；陈秀珠(1981)《评索绪尔的语言观》；潘庆云(1984)《索绪尔为现代语言学奠定了基础》；刘润清(1992)《索绪尔的语言理论》；皮鸿鸣(1994)《索绪尔语言观的层次》和《索绪尔语言学的根本原则》；索振羽(1994)《索绪尔及其〈普通语言学教程〉》；葛本成(2000)《〈普通语言学教程〉介评》，等等。

(二)专论：从某个面向探讨索绪尔语言理论

这一时期，研究索绪尔的专论主要涉及索绪尔语言理论本体、理论溯源、《第三期教程》的评介等三个方面，语言理论的本体研究无疑是这一时期重点讨论的问题。

1. 索绪尔语言理论的本体研究

索绪尔理论本体研究的重点是语言言语区分问题及符号任意性问题，在这两个问题上形成了集中性的讨论，我们放到下文(两次讨论)再说。除了这两个议题，专论主要讨论下述三类问题。

一是共时历时的区分。如：徐思益(1980)《论语言的共时性和历时性》一文认为索绪尔的共时和历时理论在方法上是高明的，但他将共时历时对立起来和认为历时演化与系统无关是错误的，并引用汉语语音和语法的演变作为论据来说明。聂志平(1990)《论语言共时态和历时态的区分》针对徐文指出，语言的演变来自语言系统内部的自我调整，一般所谓的语音演变规律，不过是语音演变的条件，而不是演变的动因。严戎庚(1990)《共时历时学说与现代汉语词汇研究》则认为，混淆共时语言学和历时语言学的界限是现代汉

语词汇研究落后的重要原因之一。在语素的确定、词的结构与造词法、词音与词义的关系、词义的演变与联系、词义的共时言语系统的确立、词汇构成系统的确定等问题中都存在着这种混淆。

二是系统理论。索振羽是这一时期对系统理论理解得最为深刻的学者。他是著名的索绪尔语言理论研究专家，从 1981 年开始，北大中文系每年都开一学期的“索绪尔语言学理论”选修课，从 1981 年开始一直到 2000 年退休，长达 20 年。1983 年的《德·索绪尔的语言价值理论》一文提出，价值理论是索绪尔语言学理论的核心，从理论上解决了确定特定语言系统中的单位这个复杂而困难的问题，以及使语言学家们懂得了分析语言就是找出特定语言系统中的单位并进而描写这些单位之间的关系。1994 年的《索绪尔的语言共时描写理论》一文，对索绪尔的语言共时描写理论进行了全面解读，并分析了该理论对结构主义语言学几大流派的影响。从这两篇文章来看，索振羽对索绪尔进行了高度评价，认为索绪尔的系统学说使 20 世纪语言学成为真正的科学，索绪尔提出从语言系统中划分出单位的科学理论和方法，以句段关系和联想关系理论为语言的静态分析奠定了科学的基础。索绪尔的重大贡献在于构建了语言研究的整体框架，出色地解决了一系列重大问题，对于相对次要的问题也在理论框架中预留出合适的位置，给后辈语言学家以有益的启示。聂志平（1990）的《语言：语法系统 句段关系与联想关系——索绪尔语法学思想初探》一文也颇有分量，该文总结了索绪尔系统理论的要点，着重考察了系统理论里的句段关系和联想关系的内涵及意义，并从汉语语法角度做了发挥。赵日新（1996）《从系统思想看索绪尔的语言学说》认为语言系统学说是全书的核心内容，指出索绪尔语言系统学说的实质是：语言是形式，而不是实体，语言是符号构成的关系系统。同时认为语言系统理论中有前后矛盾的地方，但并未就这一点充分展开说明。

三是索绪尔的符号观。这方面的重要论文主要有：乐眉云（1994）《索绪尔的符号学语言观》和乐眉云（1997）《再论索绪尔的符号语言观》。前文认为索绪尔的符号学语言观主要包括三点：A. 语言学是符号学的一部分；B. 语言是一个符号系统；C. 语言是一个特殊的符号系统。后文对索绪尔符号语言观有了更为深入的认识，认为弄清语言符号的性质是正确理解索绪尔的符号学语言学的关键。将语言符号的性质概括为六对矛盾的统一：任意性与约束性的统一；社会性与心理性的统一；不变性与可变性的统一；相关性与区别性的统一；形式与物质实体的统一；组合关系与联想关系的统一。并认为这六对矛盾是有机联系的，而语言和言语这对矛盾是这六对矛盾的基础。卢德平(2001)《索绪尔符号观再评价》则探讨了索绪尔符号学体系中的盲点，从符号学定义、能指和所指、任意性和线性原则等三个方面展开，该文有助于深入认识索绪尔符号理论的内涵。

2. 索绪尔语言理论思想溯源

姚小平(1993)《索绪尔语言理论的德国根源》从社会心理观、系统观、语言与思想、共时和历时、句段关系联想关系等五个方面，详细比较了索绪尔与洪堡特、保罗语言理论的相似之处，论证了索绪尔与后者所代表的德国语言学的渊源关系。向明友(2000)《索绪尔语言理论的经济学背景》认为索绪尔的语言价值学说、共时历时理论及均衡思想都与经济学有渊源关系。索绪尔借鉴的是经济学思想而非先存的理论，已将经济学思想成功地融合到了语言学研究之中。

3.《教程》与《第三期教程》的对比

我国语言学者在这一时期密切关注国外刚出版不久的《索绪尔〈第三次普通语言学教程〉》，张绍杰、王克非著文进行介绍并与通行本《教程》进行比较研究。两人1997年合作发表论文《索绪尔两个教程的比较与诠释》，该文围绕语言和言语、任意性和线性、共时研究和历时研究、组合关系和联想关系、价值和意义五个方面对两本教程中的差异加以诠释，认为《第三次普通语言学教程》着重论述语言学研究的原则和方法，更易于我们领悟和把握索绪尔的语言哲学观。王克非(1997)的论文《追寻索绪尔语言学思想：读〈索绪尔第三次普通语言学教程〉》，重点讨论了索绪尔在第三次讲课时对 langue、parole、langage 三个术语的精细解释，指出《索绪尔第三次普通语言学教程》是我们追寻索绪尔语言哲学体系和敏锐思想的好材料。

三、译介

为了真正理解索绪尔语言理论，许多学者积极译介国外索绪尔研究的成果。这些工作不仅为我国学者全面了解索绪尔的学术成就、深入把握其思想体系、正确评价其学术价值提供了丰富的材料，而且对于索绪尔思想的广泛传播与深入研究也起到了巨大的推动作用。

（一）著作

这一时期有三本专著对扩大索绪尔语言理论有较大的影响，另有两部语言学史被翻译成中文。它们分别是：

① 罗兰·巴尔特的《符号学美学》(1987)

这本书里，罗兰·巴尔特全面运用索绪尔语言符号理论，并糅合了叶尔姆斯列夫的观点，分析烹调、服饰、汽车等社会风俗和习惯中的符号现象。其目录如下：

第一章　语言和言语(一、语言学方面；二、符号学前景)

第二章　表示成分(能指)和被表示成分(所指)(一、符号；二、被表示成分[所指]；三、表示成分[能指]；四、词义；五、意义)

第三章　单位语符列和系统(一、单位的两个轴；二、单位语符列；三、系统)

第四章　所指意义和涵义

结论：符号学的研究。

从目录可以看出，该书的阐述完全套用索绪尔理论，从语言符号学角度来阐释社会生活中的符号应用。该书理论介绍不晦涩，对社会文化现象的分析通俗易懂，可以看作符号学的基础理论手册。

这本书自1964年出版一直畅销于世界各国。该书在我国还有以下几种译本：李幼蒸译本《符号学理论》(1988)；黄天源译本《符号学理论》(1992)；王东亮译本《符号学原理》(1999)。一本书在十多年时间竟然出版四个中文译本，可见其受欢迎和畅销的程度了。

② J. 卡勒《索绪尔》(1989)

作为文学批评家和结构主义研究专家的 J. 卡勒曾给 1971 年《普通语言学教程》新的英文译本写过前言，后来又把这部分内容加以扩充，形成了这本正文只有 160 页的《索绪尔》，由英国丰塔纳出版社作为“现代大师”丛书中的一本出版。这本书可以看作索绪尔思想评传。卡勒把索绪尔与心理学家弗洛伊德和社会学家涂尔干并列为近代三大思想家，对索绪尔语言理论及其对结构主义的影响做了通俗明了的说明。

该书分为“索绪尔其人和《教程》”“索绪尔的语言理论”“索绪尔语言理论的地位”“符号学：索绪尔的遗产”等四章和“索绪尔生平大事记”。与纯粹依据《教程》的叙述不同，作者结合《教程》的稿本研究成果，将索绪尔的语言符号系统观价值观作为索绪尔语言理论的基点，它必然导致语言与言语的区分理论和共时、历时理论。作者对索绪尔理论的论述系统流畅，表述清晰而深刻，是研究或了解索绪尔思想的一本有价值的参考读物。

③ W · 特伦斯 · 戈尔登《索绪尔入门》(1995)

该书是一本用图文并茂的形式比较全面地介绍索绪尔理论及其对语言学和其他社会科学影响的通俗的入门读物。

④ 康德拉绍夫《语言学说史》(1985)

对于索绪尔语言理论，康德拉绍夫的评价是“索绪尔是一位杰出的语言学家，可以和葆朴、洪堡特、施莱赫尔、博杜恩库尔特内等人齐名。这部书的内容和理论产生了很大影响，直到现在这部书的部分原理和整体体系仍然引起激烈的争论。”

⑤ 罗宾斯《语言学简史》(1987)

该书在第八章“20 世纪：第一个时期”中简要介绍了索绪尔的语言理论，罗宾斯对索绪尔的评价非常之高：“索绪尔对 20 世纪语言学的影响是无与伦比的，可以说，是他开创了 20 世纪的语言学。”罗宾斯的评价常常被我国学者引用。

(二) 论文

译介的论文具体说来有两种类型：一是直接翻译外国学者的研

究性文章，二是对外国学者的索绪尔研究进行介绍及评论。直译外国学者的论文主要有以下一些：

① 契科巴瓦著，白兆麟译《索绪尔的语言学说》(1980)和《评索绪尔的语言学说》(1983)

白兆麟从苏联学者契科巴瓦著的《作为语言学对象的语言》中摘译了《索绪尔的语言学说》一文。该文从“索绪尔学说的主要部分”“索绪尔学说中的语言和言语行为”“语言符号的性质”“关于语言符号的本质”“语言的系统性和符号的价值”“语言符号的心理性和语言与思维的相互关系问题”“共时语言学和历时语言学及其相互关系”等方面介绍了索绪尔的语言学理论。1983年，白兆麟再次摘译了契科巴瓦的《作为语言学对象的语言》一书中的小节《评索绪尔的语言学说》。契科巴瓦对索绪尔的评价有某些偏颇，不少论点缺乏具体的实事求是的分析。

② 布达哥夫著，王德春(1980)、石安石(1981)先后译《符号—意义—事物(现象)》

布达哥夫的这篇论文对索绪尔符号任意性原则提出了尖锐的批评，认为语言符号不是任意的，“语言符号一意义一事物”相互关联，三位一体。

③ C. L. 诺尔曼著，王文干译(1982)《索绪尔和索绪尔以前的语言学》

法国学者诺尔曼在这篇文章中确定了索绪尔在处于哲学和语言学交接边缘的科学领域中的地位。

④ Catherine Garnier 著，董友宁译(1983)《时枝城记与索绪尔之争》

时枝城记是日本近代四大语言学家之一。在语言学理论的许多方面，他对索绪尔理论提出质疑。这篇文章对时枝城记的生平，研究方法及过程，与索绪尔观点的不同进行了较为详明的介绍和评论。

⑤ 莫罗著，陈振尧译(1983)《索绪尔〈普通语言学教程〉评注本序言》

莫罗是著名的索绪尔研究专家，这篇译介对于进一步了解、准确把握和深刻认识索绪尔有重要参考价值。

⑥ F. 霍勒著，林书武译(1984)《语言的局限和言语的门槛：索绪尔和梅洛——庞蒂》

霍勒认为格式塔心理学的完形支持了梅洛-庞蒂哲学的创立，而索绪尔语言学的结构则对它提出了挑战。这一挑战的矛头特别指向手势语。

⑦ Carol Sanirs 著，潘丽珍译(1984)《索绪尔语言学思想的形成》

该文梳理了索绪尔的生平，总结历史比较语言学的特点，并分析了波兰语言学家博杜恩·库尔特内及法国社会学家涂尔干对索绪尔的影响。

⑧ 索绪尔著，张学曾译(1992)《关于成立修辞学研究室的报告》

索绪尔的这篇文章写于 1912 年。他认为语言学的研究领域由两部分构成：一部分接近语言，是消极的储备；另一部分则接近言语，是一种积极的能量。言语是随后逐渐渗透到言语活动另一部分(指语言)中去的那些现象的真正源泉。(一个系里有)两个教研室(指语言学和修辞学教研室)完全不是多余的。

介绍及评价外国学者研究成果的论文主要有：

① 许国璋(1983)《关于索绪尔的两本书》

该文在国内率先介绍了瑞士学者戈德尔所著的《〈普通语言学教程〉稿本溯源》(1957)、意大利语言学家莫罗所著的《索绪尔〈普通语言学教程〉评注》(意大利文版，1967，法文版，1972)两书。此文以丰富翔实的资料、独具慧眼的理解受到学术界的重视。

② 徐志民(1983)《索绪尔研究的新阶段》

该文对国外索绪尔语言理的研究情况(包括对索绪尔 1878 年发表的成名作《论印欧系语元音的原始系统》的研究)进行了比较全面的评介。尤其对 50 至 60 年代围绕《教程》的性质和地位问题展开的考订工作和研究背景、存在的争论以及对《教程》的评价等作出了详细的评述。

③ 信德麟(1993)《索绪尔〈普通语言学札记〉(俄文版)评介》

该文是对斯柳萨列娃根据1990年整理出版的恩格勒评注本《索绪尔普通语言学札记》进行的述评。

④ 戚雨村(1995)《索绪尔研究的新发现》和(1996)《索绪尔在世界和中国》

前一篇论文介绍了戈德尔、恩格勒和斯柳萨列娃的研究成果，索绪尔《关于青少年时期和求学年代的回忆》，以及根据这三种文献澄清了对索绪尔有关语言言语、共时历时、内部语言学外部语言学三组概念论述的一些误解；后文介绍了索绪尔理论在法国、德国、苏联、美国、英国和中国的影响。

⑤ 魏育邻(1993)《丸山圭三郎对索绪尔语言学手稿等原始资料的研究》

丸山圭三郎是日本研究索绪尔最杰出的学者，他早期有两本代表作，一本是《索绪尔的思想》(1981)，另一本叫《如何理解索绪尔》(1983)。丸山圭三郎通过对索绪尔语言学手稿等原始资料进行研究，认为索绪尔的语言学理论，远远超出了《教程》的水准，达到了从人生的语言能力、科学认识论等角度来解释语言本质的高度。

四、两次讨论

1. 语言和言语问题的讨论

这一时期开展的关于语言和言语问题的讨论，起源于王希杰、刘叔新等对语言和言语区分及对该理论在语言研究中重要性的强调和在汉语具体研究中的应用，以及对范晓批评王希杰观点的回应。

王希杰(1983)在《语言的语法分析和言语的语法分析》一文中，根据语言言语区分原理，主张把句子分为语言的句子和言语的句子，认为前者是一般的、抽象的、概括的模式，同客观现实不发生直接关系，是属于全社会的；后者是语言中句子的实现形式，同现实发生直接关系，并具体论证了两类句子的不同分析方法。该文得到了吕叔湘先生的赞赏。除了上文外，王希杰还先后发表《略论语言的词汇和言语的词汇》(1993)、《抽象的词和句与具体的词和句》

(1993)、《语法研究中的静态与动态》(1995)、《论显句和潜句》(1997)、《语言的规范性和言语的得体性》(1998)等多篇论文。王希杰把语言言语的区分当做语言研究的一般性的方法论原则，并把它贯彻到语言分析的其他方面。他把属于语言的，叫"句位""词位"，把属于言语的，叫"句体""词体"，是语言单位在使用中的体现。"位"和"体"的区分与高名凯在《语言论》中区别"位"与"素"的思想是一脉相承的。

刘叔新(1992)的《语言和言语问题的重新认识》，评价语言言语讨论中对语言和言语的理解。认为"语言和言语的正确划分，对于语言学各部门的研究对象及研究内容、方法的合理确定，起巨大的、决定性的影响作用"。

范晓(1994)的《语言、言语和话语》这篇论文，一方面谈了自己对语言言语的理解，另一方面对王希杰区别语言的句子和言语的句子做了批评。他认为言语是一种行为，说(或写)出的句子叫话语，"话语是由两个互相依存的部分组成的，一个部分是话语内容，也就是言语者表达的思想内容；另一个部分是话语形式，也就是言语者借以表达思想的形式，这种形式就是语言，这是一种现实的、具体的语言，是族语的个别形态，是族语存在的形式"，语言是话语的形式，是语言学研究的对象。针对王希杰的观点，范晓认为"是把语言的语法研究架空，搞乱和迷糊了语法研究的对象"。范晓对语言和言语的认识，不同于语言学界通常的理解。

针对范晓的批评，王希杰1994年发表《语言和言语问题值得进一步研究》，表明接受朋友转达的范晓希望谅解的意见，但没有从正面对范晓进行反批评，只是说此前发表的论文已对此做了预答复以及1982年论文发表后吕叔湘、王维贤等的支持态度，呼吁对语言和言语问题进一步研究。而岑运强针对范晓的观点，连发两篇论文《语言和言语 、语言的语言学和言语的语言学》(1994)和《再谈语言和言语、语言的语言学和言语的语言学》(1996)，依据索绪尔对语言和言语区分以及相互关系的理解，把言语看作说话行为和其结果话语的总和，批驳了范晓对语言和言语的理解。岑运强对言语的理解，来自索绪尔，也是自高名凯以来我国多数语言理论学者的理解。

2. 语言符号任意性原则的讨论

这一时期，学界对索绪尔语言符号任意性原则提出了质疑，李葆嘉的批评尤具代表性。李葆嘉在80年代开始就对任意性进行质疑，发表了三篇相关论文：《国外对索绪尔符号任意性原则的批评》(1985)、《索绪尔任意性原则的含义是什么》(1987)、《论语言符号的可论证性》(全国首届青年语法学术研讨会论文)。这三篇论文的观点在1994年连续发表的两篇论文《论语言符号的可论证性、论证模式及其价值》和《论索绪尔符号任意性原则的失误和复归》中都有反映。两文指出，语言符号是由能动的人的名物命名关系而来的，是以人对事物的认识过程为基础的历史性活动；索绪尔的语言符号任意性原则是一条虚构原则，其论证过程有三大失误，在实践上没有任何意义。索绪尔对绝对任意性符号和相对任意性符号的区分和两者关系的阐述将最终得出语言符号是可论证的，任意性只是可论证性的磨灭，可论证性原则才是语言符号的本原的结论。

直接著文反驳李葆嘉的是石安石、索振羽和聂志平。石安石(1989)《语言符号的任意性和可论证性》认为就语言符号的能指(音响形象或语音)和所指(概念或语义)之间的联系而言，任意性原则是不容置疑的。他还指出，语言符号内部形式的可论证性并不能作为否定语言符号任意性的根据，因为内部形式的可论证性和音义结合的任意性是两个不同的问题。石安石最后还指出"承认语言符号的任意性，对于语言科学的发展非但无害而且有益"。值得注意的是，石安石的这篇文章虽然事实上发表在李葆嘉的文章之前，但似乎恰好是对李葆嘉两篇文章的答复。索振羽(1995)《索绪尔的语言符号任意性原则是正确的》站在索绪尔立场上，维护任意性原则。他认为考虑这一问题要严格区分共时和历时，索绪尔的"任意性"和"相对可论证性"都是语言的共时判断概念，语言共时系统的任意性即使进行溯源，也不是都可以成为可论证的。不可论证语言符号(词根和根词)虽占少数，但在构词中起着重要的作用，有不可或缺的地位，而这最终决定了语言符号的性质，语言符号可论证性建立在任意性基础之上，是非本原的。聂志平(1997)《论语言符号的任意性和理据性——兼与李葆嘉先生商榷》一文则认为，任意性与理据性处于两个层次，理据性不能推翻任意性，从构成成分的符号的能指与其所指以及复合符号整体能指与其所指之间的关系看，仍是没有内在的自然联系，仍是任意的。

这一论争尚未平息，学界又在20世纪末21世纪初迎来了对任意性原则的第二波声讨，可见，任意性原则确如索绪尔所说至关重要，是“第一原则”。

五、一次会议

1993年是索绪尔逝世80周年的年头，为纪念他，江苏省语言学会邀请南京大学、南京师范大学的部分语言工作者于1993年12月18日聚会于南京大学留学生部，以“现代语言学在中国”为题进行了座谈。参会学者有：鲍明炜、许惟贤、卞觉非、鲁国尧、李开、吴淮南、刘丹青、李葆嘉、郭熙、杨锡彭、薛遴等。

座谈会讨论的问题集中在以下几个方面：

A. 现代语言学在中国的传播及其对中国语言学的影响。

B. 重新认识索绪尔语言观的意义。

C. 索绪尔语言观的核心。

D. 中国语言学界存在的问题。

E. 中国语言学的前景。

大家就上述五个议题展开了充分的交流。对索绪尔学说中的符号观、任意性原则、系统观、语言言语的区分及共时历时的区分思想进行了充分的肯定，同时也指出了某些不足，如认为索绪尔将共时和历时绝对对立起来是对历时比较语言学的矫枉过正。让人印象深刻的是，刘丹青先生指出，中国对索绪尔语言学思想的介绍及实践与国外相比还差得很远，可以说我们还处在前结构主义阶段，需要有更多的人钻研、传播索绪尔的方法。

郭伯康将会议纪要整理为论文《索绪尔的语言观在中国的传播与中国现代语言学的发展——“现代语言学在中国”座谈会纪要》发表。

第四节　深入拓展期

21世纪的这十几年，是索绪尔研究在中国的深入拓展期。索绪尔研究在中国的热度不仅没有减退，反而得到进一步拓展。具体表现在，我国学者紧跟世界索绪尔研究潮流，出版了多部索绪尔研究的专著，并从各个方面、各个角度对索绪尔学说进行了深入的认识和研究，还从认知立场出发，对任意性原则再次展开专题讨论。另外，我国还召开了两次主题会议，一次以“言语和言语学”为主题，一次以“索绪尔语言理论与当今语言学的发展”为主题。

一、著作

(一)《教程》中译本

① 裴文《普通语言学教程》(2001)

南京大学的裴文教授对《教程》进行了重新翻译。该译本依据法文第5版译出，译本参考了原书前四个版本和高名凯的中译本，同时参考了方光焘先生的中文选译本。裴文的译本因参考了高先生和方先生的翻译成果及较多的当代索绪尔研究成果，对意义的理解和表达更为晓畅。

② 张绍杰《普通语言学教程：1910—1911索绪尔第三度讲授》(2001)；屠友祥《索绪尔第三次普通语言学教程》(2002)

1993年，英国Pergamon出版社出版了索绪尔第三期课程的听课学生孔斯唐丹的听课笔记《索绪尔第三期普通语言学教程》。这本书由小松·英辅和罗伊·哈里斯编辑和翻译，是一个法英对照本，共173页。该书依据索绪尔讲课的时间次序编排相应章节，基本保留了索绪尔讲课内容的原貌。

中国语言学界在21世纪初对《索绪尔第三期普通语言学教程》进行了翻译。该书先后有张绍杰和屠友祥的译本，均是根据小松荣介的整理本翻译的。张绍杰是从事语言学研究的，屠友祥是从事哲学研究的，专业背景的不同会在译文上反映出来，因此两个译本具有“互文性”。两位译者在译本的前言部分都介绍了索绪尔第三次讲课的内容和《教程》在表述和编排方面的不同。

（二）介绍、研究索绪尔学说的专著

① 裴文《索绪尔：本着状态及其张力》(2003)

这是国内第一部研究索绪尔的专著。裴文认为，随着新的考据成果以及第三期普通语言学教程的课堂笔记再度公之于世，索绪尔研究有深入推进的必要。她设定的研究目标是：还索绪尔一个本来面目——“本真状态”，同时阐释索绪尔学说的生命力——“张力”。该书分为五个章节：第一章，导论；第二章，文本的基本语境；第三章，索绪尔语言观的形成语境；第四章，索绪尔语言观：原始生态与现代形态；第五章，对曲解的质疑与分析。第三章和第四章是专著的主要内容，也是最有学术价值的部分。

② 张绍杰《语言符号任意性研究：索绪尔语言哲学思想探索》(2004)

这本书是张绍杰在博士论文基础上及英国诺丁汉大学求学查阅最新索绪尔语言研究成果的基础上修订而成的。张绍杰认为任意性概念是索绪尔学说中的一个最为核心的内容，对这个基本概念的理解涉及索绪尔研究中诸多问题的理解。全书旨在研讨索绪尔提出语言符号任意性原则的原因及探索任意性概念在索绪尔语言学中的符号学和语言学的意义。全书共分四个章节：第一章　任意性：语言符号的根本属性；第二章　任意性：它的历史思想根源；第三章　任意性：它的认识论基础；第四章　任意性：它的方法论内涵。

③ 刘富华，孙维张《索绪尔与结构主义语言学》(2004)

《索绪尔与结构主义语言学》是吉林大学语言学专业硕士研究生的学位课。两位教授在多年开课的基础上将授课讲稿扩充成本书。这本书既有对索绪尔语言学说的分析介绍，也有对结构主义语言学及其影响的介评。全书共分四个章节：第一章　索绪尔语言学产生的背景；第二章　索绪尔的语言学思想；第三章　结构主义语

言学派；第四章　结构主义语言学的影响及评价。

④ 申小龙《〈普通语言学教程〉精读》(2005)

该书是陈思和、汪涌豪两位先生主编的“汉语言文学原典精读系列”丛书之一，是“十一五”国家级规划教材。作者在出版该书之前给复旦大学中文系本科生开设了三年的《〈普通语言学教程〉精读》课程。该书选择了对理解索绪尔思想至关重要的《教程》前几章内容作深入阐述。全书共有七讲和一个导论。第一讲 语言学史一瞥：逻辑语法时期和语文学时期；第二讲 语言学史一瞥：比较语法时期；第三讲 语言学的任务；第四讲：语言和言语；第五讲 文字和语言的关系；第六讲 语言符号的性质；第七讲 语言符号的任意性问题。

⑤ 赵蓉晖《索绪尔研究在中国》(2005)

这是一部“中国索绪尔研究”的论文集。主编赵蓉晖为了总结和回顾中国索绪尔研究已有的成果，从 2003 年前所发表的近 300 篇论文中精选了一部分，合编成这部论文集。这部论文集包括四个方面的内容：A. 索绪尔评价；B. 索绪尔著作的版本研究；C. 索绪尔思想溯源；D. 索绪尔理论研究。最后一个方面的内容是论文集的主体。书末还附有“中国索绪尔研究年鉴”。

⑥ 马壮寰《索绪尔语言理论要点评析》(2008)

马壮寰在为研究生开设“研读索绪尔”课程的教学过程中，感到自己和学生研习这本书有一定的难度。故而翻阅多本资料，将自己对《教程》中某些要点、难点的理解和思考写出来，从而形成了这本评析。该书的评析主要以 Baskin 翻译的英文版《教程》(1959)为根据，同时还参考了 Harris 翻译的英文版本(2001)、高名凯(1980)和裴文(2001)分别翻译的两个汉语版本以及屠友祥(2002)翻译的《索绪尔第三次普通语言学教程》。

该书选定了《教程》中若干重要章节，然后就这些章节一段一段地逐个讨论，必要时在一章或一节开始之处也作概括的提示或评说，或者就分段讨论中没有涉及的问题作些补充。该书选择讨论的内容包括《教程》的“绪论(未包括第六章和第七章)”“第一部分 一般原则”“第二部分 共时语言学”。作者认为这些部分集中地代表着索绪尔共时语言学思想，包含着那些对现代语言学影响深远的理论要点，也是被人们反复讨论、引用，甚至争论的内容。

⑦ 屠友祥《索绪尔手稿初检》(2011)

20 世纪 50 年代到 90 年代，索绪尔的一些手稿及研究资料相继被发现，而中国学者对此未作出积极的呼应。作者在包括国家社科基金项目等多个项目的经费支持下，购得了索绪尔自身及与其相关的大量原始文献，对索绪尔展开了新的专题研究。全书包括十个章节，分别是：第一章　索绪尔与喀山学派：音位的符号学价值；第二章　索绪尔与保罗：整体语言抑或个体语言；第三章　索绪尔与惠特尼：观念和符号联想结合的任意而约定俗成的特性；第四章　从语言学史立场阐述索绪尔语言理论；第五章　索绪尔“符号学”设想的缘起和意图；第六章　语言符号的无意识直觉和联想关系；第七章　符号的空洞性与充实性；第八章　语言的时间及感知问题；第九章　声音和文字：索绪尔论萨图尔努斯诗体；第十章　罗兰·巴特与索绪尔：文化意指分析基本模式的形成。

⑧ 叶起昌《语言之社会规范说与自然说：索绪尔与海德格尔语言观对比研究》(2013)

索绪尔与海德格尔的对话在国内外从未发生过，叶起昌则在这方面作出可贵的探索，就两人在本体论、认识论、方法论等层面的见解展开对比，解读并评估语言观。叶起昌认为索绪尔的语言本体论实际上是建立在社会规范上，其困境在于无法摆脱语言与社会规范之间的恶性循环。海德格尔坚持语言本质不在语言之外，而在语言自身。作者全书的焦点是：如何看待语言以及人自身？语言的本质问题是开放还是封闭的？是把语言看作人类尚未攻克的最后“堡垒”，还是看作“存在之家”？这正是索绪尔与海德格尔语言观中不可逾越的最后分界线。

(三)“语言学概论”教材

进入 21 世纪以后，我国出版了大量的语言学概论教材，其中有影响的有如下 18 部：胡明扬主编《语言学概论》(2000)、叶宝奎主编《语言学概论》(修订版)(2002)、申小龙主编《语言学纲要》

(2003)、岑运强主编《语言学概论》(2003)、葛本仪主编《语言学概论》(修订本)(2004)、黄智显主编《语言学概论》(2005)、伍铁平主编《普通语言学概要》(修订版)(2006)、胡晓研主编《语言学概论》(2006)、韩宝育主编《语言学概论》(2007)、王红旗编著《语言学概论》(修改版)(2008)、李宇明主编《语言学概论》(第二版)(2008 年)、彭泽润主编《语言理论》(第五版)(2009)、刘富华，孙炜编著《语言学通论》(2009)、崔希亮主编《语言学概论》(2009)、叶蜚声、徐通锵主编，王洪君、李娟修订版《语言学纲要》(2010)、邢福义、吴振国主编《语言学概论》(第二版)(2010)、张先亮、聂志平主编《语言学概论》(2011)、张树铮主编《语言学概论》(2012)。

上述教材总体上都继承了以索绪尔为代表的结构主义语言学的理论框架，注重对语言本体进行静态描写，注重共时研究与历时研究相结合。18 部教材基本包括了语言的性质、结构、功能、语音、词汇、语义、语法、文字、语言的发展变化等语言学的基本理论和核心内容。

这些教材当中，岑运强主编的《语言学概论》最具索绪尔色彩，在继承索绪尔语言理论的同时又有明显的创新与突破，特别是对索绪尔提出但没有研究的言语的语言学进行了全面的挖掘与阐述。语言研究与言语研究相结合，共时研究与历时研究相结合、内部研究与外部研究相结合构成了贯穿整部教材的框架。教材在第二章(语音)、第三章(语义)、第四章(词汇)中将言语的声音、言语的意义、言语的词汇与语言的声音、语言的意义、语言的词汇相并举进行研究，体现了语言研究与言语研究的结合；将一般教材中所论及的语言系统(包括语音、词汇、语义、语法等子系统)的发展变化融合在语音、词汇、语义、语法等各章节知识之中进行阐述，体现了语言共时研究与历时研究的有机融合。

(四)“语言学史”专著

① 封宗信《现代语言学流派概论》(2006)

该书在导论之后的第一部分就是介评索绪尔的语言理论。主要从索绪尔思想来源、索绪尔理论、索绪尔的遗产三个方面进行了讨论。作者认为索绪尔对现代语言学产生了两个重大影响。首先，他提出了一个总方向，让语言学家明确了以前从未被质疑过的研究对象。其次，他影响了现代语言学研究的一些具体概念，如符号任意性、语言单位之间的差异关系、语言系统与语言的区分、共时和历时的区分等。现代语言学的发展可以说是对这些准确概念及其意义的研究。

② 萧国政《现代语言学名著导读》(2009)

编者认为索绪尔是现代语言学的奠基人，他提出的语言学理论是语言学史上哥白尼式的革命，对于现代语言学的发展有深远的影响，故而全书第一章就是对索绪尔《普通语言学教程》的导读。导读从六个方面展开：第一，作者及有关学术背景；第二，《教程》的章节目录；第三，《教程》各章内容提要；第四，《教程》章节选读；第五，选读主要参考文献；第六，选读思考题。

二、论文

这一时期除了一些从整体上介绍、论述索绪尔语言理论的通论性论文之外，更多的是从多个方面探讨索绪尔语言理论的专论性论文。

(一)通论：从整体上介绍、论述索绪尔语言理论

值得注意的通论性文章主要有：李文新(2002)《索绪尔的语言本体论刍议》；王希杰(2004)《把握真实的索绪尔，重视他的学术生命力》；辜正坤(2005)《对索绪尔和乔姆斯基的批评与语言学新定律》；徐思益，王希杰(2006)《索绪尔、索绪尔学说和中国理论语言学》；王文元(2005)《语言的形而上学与文化属性不容抹杀——批评索绪尔〈普通语言学教程〉》；岑运强，陈秀娟(2007)《对王文元批评索绪尔语言学的反批评——质疑〈语言的形而上学与文化属性不容抹杀〉》；张延飞，张绍杰(2009)《索绪尔语言哲学思想中几个核心概念的比较与诠释——读索绪尔〈普通语言学读本〉》(2009)。

徐思益，王希杰(2006)对索绪尔学说的基本态度应该说代表了大多数中国学者在21世纪的立场——索绪尔所提出的一系列两项对立，例如：语言和言语、能记和所记、组合和类聚、历时和共时，等等，这些区分在我们看来，都是具有方法论意义的。理论和方法论及方法是可以相互转化的。在他发现和提出这些对立项的时候，把注意力放在对立上，强调两者之间的对立是必要的。一定程度上忽视了两者之间的联系和相互转化关系，是可以理解的。

(二)专论：从某个面向探讨索绪尔语言理论

这一时期，研究索绪尔的专论涉及索绪尔语言理论本体、理论的影响、与其他学者或流派的对比、理论的发展和实践等多个方面。中国学者对索绪尔的认识无论在深度还是广度上都超越了20世纪。

1. 索绪尔语言理论的本体研究

索绪尔理论本体研究的重点可以说仍在“语言/言语”的区分及“符号任意性”这两个问题上，并形成了集中性的讨论，我们分别放到下文“任意性与象似性的讨论”和“言语与言语学”的会议中详谈。在本体研究其他方面比较突出的研究表现有二点。

一是对系统理论开始进行深入的解读和诠释。这方面的文章主要有：倪巍、陈亮(2004)《二元对立与系统价值——对索绪尔语言哲学的诠释与思考》；顾兆禄(2006)《关于索绪尔“语言是形式，而不是实质”的文本解读》；马壮寰(2006)《索绪尔“语言系统”的多层含义》；吕文平(2006)《解读索绪尔的语言价值理论》；韩晓英(2006)《索绪尔“词的复合结构消失”说质疑》；肖娅曼(2007)《一种理性主义对另一种理性主义的批评——索绪尔关于语言的“价值系统”观的哲学基础》；刘艳茹，张萍(2008)《索绪尔意义理论的文本研究》；何兰(2008)《关于索绪尔语言价值理论的重新诠释》；吕红周(2010)《索绪尔的语言系统观研究》；李伟(2011)《“系统决定意义”的哲学辨析——索绪尔〈普通语言学教程〉理论前提批判之三》。二是注意从符号的角度展开对索绪尔思想的认识。如：董敏(2004)《功能主义视角下索绪尔语言符号观述》；屠友祥(2005)

《索绪尔“符号学”设想的缘起和意图》；禾木(2005)《从所指/能指到能指/所指——论拉康对索绪尔二元论的批判》；鲍贵(2006)《从局部到整体的抽象：索绪尔的语言符号论》；申小龙(2007)《语言符号二重性的实体特征及其差别性消解——索绪尔语言符号理论研究》；张朋朋(2008)《否定索绪尔的“音响形象”概念》。

2. 索绪尔语言理论的影响

有些学者用宏观的视野关注索绪尔语言理论对语言学或者其他学科领域的影响。如：张一兵(2004)《索绪尔与语言学结构主义》；陈香兰(2005)《索绪尔与结构主义形成》；丛聪(2008)《论索绪尔对当代语言学的影响》；王希杰(2005)《索绪尔学说和中国语法学的现代化——重读〈中国文法革新论丛〉》；赵宏宇，胡全生(2008)《索绪尔语言学对20世纪西方文学批评理论影响原因探微》；彭奕奕(2010)《索绪尔符号学的影响》；张同俊(2010)《索绪尔对20世纪语言学流派的影响》。有些学者从微观的角度聚焦于索绪尔对某位学者的影响，如：谢晶(2005)《从符号的区分性到语言活动的同质性——梅洛-庞蒂语言哲学及其与索绪尔语言学之关系》；徐彦伟(2007)《阿尔都塞的结构主义资源：从索绪尔到斯特劳斯》；吴云凤(2008)指出索绪尔语言系统论对纪尧姆的影响，金城(2010)研讨索绪尔语言观对庞蒂现象学语言观的影响。

3. 索绪尔与其他学者的理论对比

皮尔斯作为符号学的另一奠基人，常被拿来与索绪尔的符号思想进行对比。主要文章有：郭鸿(2004)《索绪尔语言符号学与皮尔斯符号学两大理论系统的要点——兼论对语言符号任意性的质疑和对索绪尔的挑战》和《索绪尔符号学与皮尔斯符号学的比较》；李巧兰(2004)《皮尔斯与索绪尔符号观比较》；张凤，高航(2005)《语言符号的任意性、象似性与理据——索绪尔的任意性观点和皮尔斯的象似性观点解读》；刘宇红(2012)《索绪尔符号学二元解构的合理性研究——兼谈索绪尔符号学与皮尔斯符号学的比较》；维特根斯坦是索绪尔之后另一重要的语言哲学家，和索绪尔的语言观有交集更有不同，由此具有了比较的意义。主要研究文章有刘辉(2009)《索绪尔与后期维特根斯坦：继承与超越——后期维特根斯坦语言哲学思想系列研究之一》；温金海(2011)《本体论视阈下的语言哲学流变——从索绪尔到维特根斯坦》；刘艳茹(2012)《形而上的“价值”与形而下的“用法”——索绪尔与后期维特根斯坦意义理论比较研究》。

洪堡特和库尔特内都对索绪尔语言思想产生了一定的影响，也就由此进入了学者们研究的视野。相应的文章有：谢少万(2006)《洪堡特和索绪尔辩证语言观之比较研究》；杨文秀，杨志亮(2009)《论洪堡特与索绪尔的语言系统观》；金城，朱蓓蓓(2009)《库尔特内和索绪尔语言思想比较》。

乔姆斯基和德里达可以说是分别从语言学科内部和外部对索绪尔学说进行解构之人，因此他们和索绪尔思想的异同也格外引人注目。主要研究文章有：李曙光(2014)《巴赫金哲学思想视域中的索绪尔与乔姆斯基语言学》；王秀之(2009)《索绪尔和乔姆斯基二分伦的比较》；张一平(2006)《结构与结构——从索绪尔到德里达》；朱炜(2007)《论索绪尔的差异原则和德里达的延异思想》；蔡祥元(2012)《外与内的游戏——德里达如何解构索绪尔的结构主义思想》。

4. 索绪尔语言理论的发展与实践

和前面三个研讨内容相比，中国学者在这部分的探讨是比较薄弱的。索绪尔语言理论在许多国家被后人很好地继承和发展，这部分的探索不应缺失。相关文章不多，主要有：徐思益(2007)《王希杰对索绪尔学说的发展》；田星(2007)《论雅各布森功能观对索绪尔“对立”原则的继承与发展》；吴云凤(2008)《居斯塔夫·纪尧姆对索绪尔语言系统论的发展》；李霓(2013)《索绪尔的二元符号观和语义三角理论：继承与发展》；吕红周，单红(2014)《语言符号学：索绪尔遗志的继承与发展》。

解读和评析索绪尔语言理论是很重要的一面，而将理论精华应用于实践则是不可或缺的或更为重要的一面。目前的相关讨论还显得比较冷清，主要有：杨朝军(2004)《索绪尔的符号学思想对外语学习的启示》；宋成方(2007)《一词多义现象与索绪尔的语言符号观》；马庆振(2009)《索绪尔语言系统观与汉语词汇研究》；任虎林，吕亮球(2010)《索绪尔语言学视野下的复杂句子处理新探》。

三、一场讨论：任意性与象似性

任意性与象似性问题的讨论起源于王寅 1999 年出版的专著《论语言符号的象似性——对索绪尔任意说的挑战与补充》，该书在《论语言符号象似性》(1999)等一系列语言象似性论文的基础上形成。王寅认为语言符号在音、形或结构上与其所指之间存在映照性相似的现象。同时在句法结构上还存在距离象似、顺序象似、数量象似、标记象似等类型。语言符号象似性对流行了近一个世纪之久的任意性来说，既是最大的挑战，也是一个有力的补充。

王寅文的观点立刻引起王德春、郭鸿等人的商榷。王德春(2001)在《论语言单位的任意性和理据性》一文中谈到，王寅所说的“补充”比“挑战”更有意义，强调“象似性”只能说是对“任意性”的补充。郭鸿(2001)发表《索绪尔的语言符号任意性原则是否成立？——与王寅教授商榷》一文，他认为象似性普遍存在于符号组合(语言结构)中，而不在(单个)符号中。符号组合是编码，编码是有意识的行为，是有理据的，而理据性是象似性的基础。任意性和线性是符号系统的本质特征，是结构主义符号学和语言学的支柱。到目前为止，还没有事实能证明任意说不成立。

王寅在 21 世纪初连续发表两篇论文来回应不同看法，一篇是《象似说与任意说的哲学基础与辩证关系》(2002)，另一篇是《象似说辩证说优于任意性支配说》(2003)。前文认为象似性不仅存在于符号组合之中，也存在于单个符号中，汉语中的“字”和英语中的很多单词都可以进一步切分，即便是英语中不可再切分的单词，仍可从字母形状上做很多分析，英语单词中的象形特征有些比汉字还明晰。该文坚持象似性辩证观：语言在音义层面存在较多任意性(对此仍需做深入调查，获得证据)，而在其他层面上则具有较多的象似性。象似性辩证说比任意性支配说更为合理。后文是前文思想的延续和深入，作者从象似性和任意性各自的理论框架、单个符号和符号组合问题、符号的二分说和三分说、单层面与多层面、描写性与解释性、理论性与实践性等多个方面综合论述了象似性辩证说要由于任意性支配说。

张绍杰，张延飞(2007)针对王寅2003年的文章发表《语言符号任意性和象似性：相互排斥还是相互依存？——与王寅先生商榷》一文。作者认为索绪尔之所以提出任意性是语言符号的根本属性或第一原则，是因为语言符号不但被动地承载世界的信息，而且还能动地通过所指对能指的任意选择去创造意义。如果人类遵循以理性原则为基础的象似性原则去创造语言，人类语言的差别会越来越小，最终导致语言的一致性；人类语言的千变万化，正是任意性带来的结果。因此，任意性是语言符号的根本属性。

除了上述几篇针锋相对的文章以外，还有大量的文章参与到关于语言符号任意性或象似性的讨论中来。如：罗毅(2004)《论索绪尔的"任意性"与汉语有形符号的特异性》；赵刚(2004)《语言符号任意性原则的所指——关于索绪尔语言符号任意性的思考》；岑运强，张鹏(2005)《评〈语言符号是约定俗成的吗〉——兼论语言的起源、索绪尔语言符号任意性原则及其他》；岑运强，李海荣(2005)《20世纪80年代以来国内索绪尔语言符号任意性研究评介》；李晗蕾(2005)《索绪尔任意性原则的零度阐释和过渡阐释》；魏育玲(2005)《如何理解索绪尔的任意性》；张凤，高航(2005)《语言符号的任意性、象似性与理据——索绪尔的任意性观点和皮尔斯的象似性观点解读》；王永祥(2008)《不可动摇的语言符号任意性原则——再读索绪尔〈普通语言学教程〉》；王硕(2009)《索绪尔"任意性"与"相对可论证性"解读》；薛宁地(2012)《汉语拟声词对索绪尔语言符号任意性观点的反证》。这一争论的热度至今不减。

四、两次会议

(1)言语与言语学

"语言的语言学"是整个20世纪语言研究的重点，"言语的语言学"则几乎被人淡忘。究竟什么是"言语"？能否和如何建立言语学？索绪尔没有给出一个明确的答案，而学界也一直是众说纷纭。随着21世纪信息时代的到来，众多领域都向语言学提出了言语理论和应用的要求，重新思考语言、言语及其关系。系统深入地探讨言语问题，不仅有助于很多语言应用问题的深入研究和解决，而且能促进语言科学的新的全面发展。在这样的宏观背景下，为适应语言科学内部和外部的发展，首届“言语与言语学国际学术研讨会”于2002年10月25日至28日在武汉大学召开。

研讨会的主题是言语与言语学问题研究。核心议题有三：

A.“语言”“言语”的界定及二者的关系；

B. 是否应该建立言语学；

C. 如何建立言语学以及如何加强言语运用研究；

第二个议题是会议讨论最为热烈、分歧较多的。形成了三种观点：“建立说”“扩展说”“未名说”。持“建立说”的学者人数最多，他们认为建立言语学是可能的也是必要的，其意义在于不仅有语言实践价值，还能纠正语言学理论上的偏颇和缺失的意义。一部分学者认为没有必要建立言语学，可以通过扩展语言学在应用领域的研究来弥补过去在这方面的不足。另一部分学者认为是否建立这样一门学科，用什么名称，暂时可以不作讨论，但必须重视对言语问题的研究，关注语言运用。

陆俭明先生在大会闭幕式的总结发言中不仅指出要重视语言具体运用的研究，而且尤其强调了语言和语言学知识在中文信息处理、对外汉语教学以及中学语文教学领域中的运用，并认为我们在这些领域完全能做出一定的成绩，应该有一些原创性的理论建树，为语言学做出中国学者应有的贡献。

郭婷婷、游舒将会议主要内容整理为综述《言语与言语学国际学术研讨会综述》发表在《语言文字应用》2003年第1期上。会后还出版了论文集《言语与言语学研究》。

(2)“纪念索绪尔逝世100周年暨索绪尔研究在中国”圆桌会议

2013年是索绪尔逝世100周年，为了纪念这位伟大的语言研究先驱，推动索绪尔语言思想的研究，“纪念索绪尔逝世100周年暨索绪尔研究在中国”圆桌会议于2012年12月8日在吉林长春召开。会议由东北师范大学外语学院主办，《外语学刊》编辑部协办。

这次会议的主题是“索绪尔语言理论与当今语言学的发展”。核心议题有五：

A. 索绪尔语言理论的普适价值；

B. 索绪尔语言学与当代哲学的语言转向；

C. 共时研究和历时研究两种方法的互补性；

D. 语言的规约性与语言的认知基础；

E. 语言本体研究与界面研究的关系；

《外语学刊》2013 年第 4 期专门开设"索绪尔逝世百周年纪念专栏"，2014 年第 1 期、第 2 期连续推出"语言哲学视域中的索绪尔思想研究"特刊，旨在进一步推动我国语言哲学的发展。

2013 年第 4 期《外语学刊》刊出了 5 篇索绪尔研究的文章，包括：辛斌《索绪尔语言学理论的认知语言学解读——重读〈普通语言学教程〉》；杨忠《索绪尔语言符号系统观的贡献与局限》；刘江，岑运强《索绪尔语言学思想在当代的理论价值研究——基于当代理论语言学研究转向的视角》；张绍杰《语言机制对任意性的限制"语言系统运行机理探究》；屠友祥《空无性与关系性：语言符号的根本特性——索绪尔〈杂记〉发微》。

2014 年第 2 期刊出了 4 篇索绪尔研究的文章文章，分别是：谢萌《论"任意性原则"对语言系统的多维度诠释》；李曙光《巴赫金哲学思想视域中的索绪尔与乔姆斯基语言学》；霍永寿《从指称到表义：论索绪尔语言哲学的本质特征》；叶起昌，赵新《历时与共时中"时"之追问》。

第三章　索绪尔学说在中国的接受——人物篇

在索绪尔学说引进和传播的过程中，许多学者作出了突出的贡献，时代篇已一一点明了相关人物的相关工作。人物篇将选择对索绪尔学说钻研最为深入且继承和发展了索绪尔学说的三位学者进行详细的总结，他们分别是方光焘、高名凯和王希杰。

第一节　方光焘

方光焘先生是我国语言学界全面系统、严肃认真地介绍索绪尔学说的第一人，对索绪尔学说有深刻的研究。他高度评价了索绪尔对语言和言语、共时和历时的区分以及强调关系重于意义的理论思想，同时也认为索绪尔在某些问题上缺乏辩证的眼光。方先生所提出的“广义形态说”不仅是对汉语语法学作出的重大贡献，更是对索绪尔学说的继承和发展。

一、方光焘简介

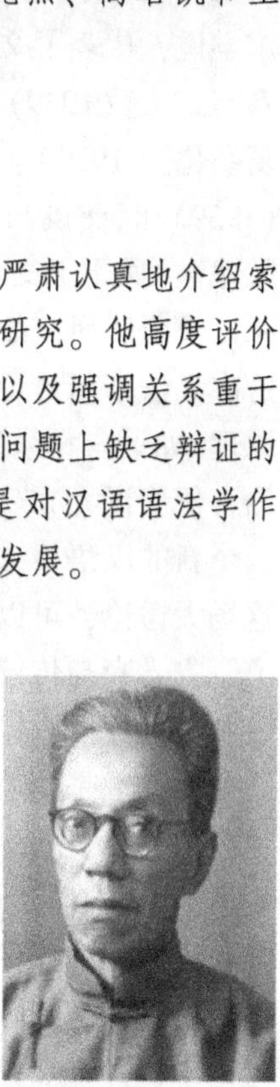

方光焘(1898—1964)，字曙先，浙江省衢县人。语言学家、作家、文艺理论家、文学翻译家。1918 年赴日本留学，1924 年 3 月毕业于东京高师，旋即回国，在浙江宁波省立第四中学教书。1924 年 8 月，经陈望道推荐至上海大学任教授，并应郭沫若邀请在上海学艺大学兼课。1929年由浙江省教育厅派至法国里昂大学攻读语言学。1931年“九·一八”事变后，辍学回国参加抗日活动。曾任安徽大学、复旦大学、上海暨南大学、中山大学、中央大学中文系教授。中华人民共和国成立后，任南京大学中文系系主任、教授，中国科学院哲学社会科学部委员会委员，中国政协第三届特邀代表，江苏省人大代表等。1956年3月15日加入中国共产党。1964年7月27日因病逝世，终年66岁。

从1938年到1943年，以上海《语文周刊》为主要阵地，发起了一场对汉语语法研究有着深远影响的文法革新讨论。参加者有陈望道、方光焘、傅东华、金兆梓、张世禄等人。文法革新讨论是一次比较深入和系统地引进、传播索绪尔思想的过程。方光焘坚持索绪尔学说，代表了文法革新讨论的最高学术水平。他先后发表了《体系与方法》(1939)、《再谈体系与方法》(1939)、《问题的简单化与复杂化》(1939)、《要素交替与文法体系》(1939)、《一点声明》(1939)和《建设与破坏》(1939)6篇论文。在这些文章中，方先生就建立“通用于文言与语体的文法体系”、语法研究的“一线制”主张以及语法研究的出发点等多个问题，发表了自己精当的看法。在这次文法革新讨论中，方光焘介绍并初步运用索绪尔学说中的某些原理(如语言符号理论、区分共时和历时、组合关系和联想关系、语言价值说等)来分析和解决汉语语法问题，虽然未能由此建立起一个新的汉语语法学体系，却提出了许多令时人耳目一新的见解。这场大讨论，可以看作我国语言学家中接受索绪尔语言理论的陈望道、方光焘与传统的语言学思想的一次大交锋。而文法革新讨论的胜利，则可以看作索绪尔学说在中国语法学中的胜利。

方光焘是语言与言语问题讨论的发起者与组织者。1959年，他在《南京大学论坛》上，针对高名凯“言语有阶级性”的论断，发表了《言语有阶级性吗?》(与施文涛合写)的文章，引起了一场语言与言语问题的争论。在那个鼓吹“什么阶级说什么话”的年代，作出“言语没有阶级性”的论断是需要很大勇气的。在历时四年多的讨论中，方光焘先生先后发表了《语言和言语问题讨论的现阶段》

(1961)、《漫谈语言和言语问题》(1962)、《语言与言语问题答问》(1962)、《分歧的根源究竟在哪里?》(1964)等重要论文。在这些论文中，方光焘先生强调了区分语言和言语的重要性，指出应正确理解语言和言语的关系。这些论文大多收在上海教育出版社编辑出版的《语言与言语问题讨论集》中。

1986年，王希杰、卞觉非、方华将方光焘先生生前发表过的文章编成《方光焘语言学论文集》，由江苏教育出版社出版。1990年，陆学海、方华根据课堂记录整理了方光焘的《语法论稿》，其中收录了两篇《索绪尔〈一般语言学教程〉选讲》，一篇标注的时间是1962年，一篇是1963年，是给研究生做的讲座。从这个时间上看，可以说方光焘先生是我国语言学界全面系统地、严肃认真地介绍索绪尔语言学说的第一人。1997年，商务印书馆出版了《方光焘语言学论文集》，该论文集是在江苏教育出版社的《方光焘语言学论文集》及《语法论稿》的基础上增订而成的，汇辑了方光焘先生在语言学、语法学方面一生的研究成果，其中包括生前发表过的学术论文以及未正式发表的报告、提纲和教材讲稿等，总计43篇，是研究方光焘先生学术思想的重要资料。这43篇作品中，除了前文提到过的在文法革新讨论中发表的6篇论文及在语言与言语问题争论中发表的5篇论文外，还有下述18篇文稿与索绪尔学说有渊源关系。这些作品可分为两大类，一类是关于一般语言理论的，一类是用语言理论分析和研究汉语问题的。

第一类：

《语言学引论》(1952)

《语法学原理》(1954—1955)

《一般语言学的对象与任务》(1958)

《评索绪尔的语言和言语的区分》(1959)

《涂尔干的社会学与索绪尔的语言理论》(1959)

《语言的记号性问题》(1959)

《论语言记号的同一性(提纲)》(1962)

《写在〈形态与功能〉之前》(1962)

《形态与功能》(1962)

《索绪尔〈一般语言学教程〉选讲》(1962—1963)

《我们为什么要介绍哥本哈根学派》(1963)

《关于结构主义学派的答问》(1963)

《谈谈语言结构的分析》(1963)

第二类:

《汉语词类研究中的几个根本问题(提纲)》(1956)

《汉语形态问题》(1958)

《论“二”和“两”(提纲)》(1959)

《研究汉语语法的几个原则性问题》(1962)

《谈现代汉语语法中的主要问题》(1962)

方光焘先生对索绪尔学说钻研极深，在给予索绪尔高度评价的同时，也指出索绪尔的片面及偏颇之处，并提出了一些自己的修正意见，其中，“广义形态说”可以看作对索绪尔学说的发展，该学说对汉语语法研究产生了深远的影响。

二、方光焘对索绪尔学说的肯定

(一)语言和言语

区分语言和言语是索绪尔倡导的语言研究的一个首要的原则，目的是为了避免从几个着眼点同时来研究言语活动，避免呈现在我们面前的语言学的对象是一堆混淆不清的、庞杂而毫无关联的东西。语言和言语的区分是语言学遇到的第一个分叉路。然而，索绪尔的这种区分并不是所有学者都愿意认可的。其理由不外乎两点：首先，实际存在的言语活动是浑然一体的，要从中明确区分出语言和言语并不容易；其次，这种区分不利于对言语的研究。

方先生坚持要把“语言”和“言语”区别开来，他在《再谈体系与方法》一文中指出：“我觉得应该把‘言语’(相当于索绪尔的语言)与‘言’(相当于索绪尔的言语)的区别略说一说。‘言语’是社会的产物；‘言’是个人的行为。说得简单一点，language 是言语材料，speech 是言语行动，研究单语形态，研究单语与单语间的互相关系，研究单语与单语的结合，那都无非是言语材料的研究。一旦用这些材料构成了句子，那就是个人的言语行动。……文法的对象是‘言语’同时是‘言’。以‘言语’为对象的部门叫做 morphologie（形态论），以‘言’为对象的部门，叫作 satelèhre（句子论）。”

方先生在《言语有阶级性吗》一文中认为区分两者是必要的，若不加以区分，语言学就不可能成为专门的真正的科学。

方先生认为，区分语言和言语是有现实意义的。他在《语言与言语问题讨论的现阶段》一文中指出区分两者的意义有如下几点：“A 有助于认清语言学所研究的真正对象——语言；B 有助于理解语言和上层建筑的根本区别；C 有助于理解语言和言语的相互关系和语言存在的客观性；D 有助于理解作为表达形式的言语和被表达的思想意识内容间的关系；E 有助于认清风格学的研究对象和风格学是不是语言学的一个部门。在解决逻辑和语法的相互关系问题时，也必须估计到语言和言语的这种区别。在心理学、生理学范围内，语言和言语的区别也是正确理解巴甫洛夫关于第二信号系统的学说的必要条件。”

方光焘对索绪尔区分语言与言语并把语言作为语言学的研究对象是极为赞赏的。他与叶尔姆斯列夫在这一点上持同一立场。他在《索绪尔〈一般语言学教程〉选讲》谈道：“索绪尔以前的人都把言语活动缩小到只限于个人的，而索绪尔却在混质之中看清了同质的语言，并确定语言为唯一的研究对象。这是索绪尔语言学说和以前的语言学的原则区别。研究语言本身，研究语言的内部结构这个原则，成了后来结构主义的重要准则。”

（二）共时和历时

语言学在对语言和言语有所选择之后，又遇到了第二条分叉路：一条通往历时态，一条通往共时态。索绪尔严格区分了共时语言学和历时语言学，并把共时置于历时之上，其目的是为了把握研究的重点及先后顺序，采取有效的研究方法，建立科学的研究体系，从而实现对语言的全面认识。

方先生坚持区分共时和历时，反对用语源事实来代替共时的语法体系的研究，反对建立通用于文言与语体的中国文法体系。他在

《体系与方法》一文中谈道："我以为建立一时代的文法体系，应该以同时代的，用这言语的民众的共同意识为基础。文法体系的建立，和语源研究不同；若以单语的历史，作为建立体系的根据，那一定也会引起许多无谓的纠纷。我相信，文法体系只是以共同意识做基础的。许多语言现象，虽然有待于历史的说明，不过建立现代的文法体系却不能不和'历史'划开；因为现代的文法体系，应该是记述的(descriptive)，而不是史的(historical)。我不相信有什么文法的历史的体系。也不相信有一个可以通用于文言和语体的中国文法系。"方先生在《再谈体系与方法》一文中进一步举例说明自己为何不相信有通用于文言和语体的文法体系。他说："文言文法中的助词和语体文法中的助词，仅仅不过是名称相同；两者对于他词的关系，决不会是完全一样的。譬如'过'字这一助词，在语体里，常常接在言词的后面，'尝'字这一助词，在文言里却常常放在言词的前面。这就是文言和语体的文法组织不同。我所以不相信有一个可以通用于文言和语体的中国文法体系，也就是为了这个缘故。"

建立分属于不同时代的语法体系，早已成了语法研究中的常识，但在当时，不能不说是方光焘先生的真知灼见，从汉语语法学史角度看，是极有贡献的。

方先生还在《要素交替与文法体系》一文中说道："历时语言学所讨论的是要素交替的事实，而共时语言学所研究的却是体系的事实。"进入60年代，方先生在《研究汉语语法的几个原则性问题》一文中，再次谈到自己和索绪尔在共时和历时问题看法上的一致性。他说："索绪尔把语言学区分为共时、历时两种。共时指同一的时间，从相对稳定的时点看问题，时间演变的因素不起作用；历时则从时间的演变观点看问题。"他主张语言体系的研究着重于共时的。这个区分很有必要，因为语言只有成为体系时才能交际。

(三)系统理论

索绪尔的系统理论完整而丰富，是其整个理论体系的核心。方光焘在《涂尔干的社会学与索绪尔的语言理论》一文中对索绪尔的系统理论进行了高度的评价："索绪尔强调语言体系，这一点有重大的理论意义，已成为后来许多语言学派的理论基础。"除了正面评价外，方先生对索绪尔的肯定主要的体现在如下三点主张上：

第一，强调广义形态

"广义形态说"可以说是方先生对索绪"语言是形式而不是实质"这一思想的发展(详见后文)。方先生在《语言的记号性问题》一文中对索绪尔的"语言是形式而不是实质"的思想加以充分肯定。他说："声音和意义结合，产生的是形态，不是实质。批评索绪尔的人根据这一点，判定他是形式主义。我是始终主张语言分析要从形态出发的，别人也批评我是形式主义。我们应当指出索绪尔语言学说是有倾向于形式的一面，但客观事实说明，语言确实有形式的极其重要的一面。现在的事实是语言完全可以作为形式来翻译，而且这种翻译还只能通过形式分析才得以有效地进行，索绪尔在当时已看到形式的重要一面，确是有远见的。"

第二，语法要研究体系内各要素之间的相互关系

传统语法往往孤立地看待单个语言符号，方先生则主张必须在普通联系和相互制约之中考察语法现象。他认为，任何一个语法单位都处在与其他语法单位的一定的关系之中，并隶属于一定的体系的。对于这一点，他在《论现代汉语语法研究的几个原则性问题》一文中谈道："研究语法不是以个别的词(词素)、孤立的词(词素)为对象，而是以词与词、词素与词素、词与词素、词与词组、词组与词组的结合关系为对象。研究语法应该注意普遍联系和相互制约的原则，不能片面、孤立地看问题。语言是与一定的物质外壳语音相联系的，语音同一定的意义结合，它有一定的次序、排列，语言三要素之间是相互联系的。因此，语法不是孤立的，它同语音和意义有一定程度的关系，有许多词义、语音的变化往往影响语法的变化。就词类来看，也不是孤立的，名、动、形、代等并不孤立而相互联系。"

第三，语法的同一性是关系的同一而非实体的同一

方先生认为，在语法研究中，关系比实体更为重要。语法的同一性，应当是关系的同一，而不是实体的同一。他在《论语言记号

的同一性(提纲)》一文中说道："在《一般语言学教程》中的'共时语言学'里，索绪尔曾对语言记号的同一性，作了详细的解释。他列举了三个比喻：(一)特别快车的比喻。(二)街道的比喻。(三)被窃的衣服的比喻。他认为语言记号的同一，是关系的同一而不是实质的同一。我们认为，索绪尔的同一性的解释是在研究语法，分析语法现象时有参考价值的。"基于"语法的同一性是关系的同一而非实体的同义，更非意义的同一"这一重要思想，方先生反对朱德熙的"词义不变，词性不变"原则。他说："在《关于动词形容词'名物化'的问题》里，朱先生曾经分析过'锁'和'希望'两个词，他的结论是：'希望'跟'锁'的情形不同。'有锁'里的'锁'跟'不锁'里的'锁'意义完全不同，显然是两个词。'有希望'和'不希望'里头的两个'希望'意义没有什么区别。我们分得出两个不同的'锁'，可是分不出两个不同的'希望'，这不是'词义不变，词性不变'原则的具体运用吗？"

(四)符号理论

符号理论是索绪尔学说的理论根基，是其整个学说的出发点和关键点。但由于《教程》一书对索绪尔符号学观点的阐述比较分散，篇幅较小，可能未引起方光焘先生的足够重视。对索绪尔符号观论述不多，只有《语言的记号性问题》一文谈到了他对索绪尔符号观的一些基本认识，即便是《索绪尔〈一般语言学教程〉选讲》这样的授课讲稿中，方先生也只是以《教程》绪论的前三章和第二编"共时语言学"为主体内容，跳过了第一编的"一般原则"，索绪尔的符号观恰恰主要集中在这一部分。

对于索绪尔的符号观，方先生的批评不少。我们将方先生在《语言的记号性》一文中未加批评的索绪尔符号观视为其认同的部分。主要有如下一些思想：

(1)语言学属于符号学

语言是表达观念的记号体系，语言记号可以和社会生活中起一定作用的其他记号相提并论。记号(signe)，如文字、聋哑人的字母、象征性的仪式、礼节形式、军用信号等均属于记号，所以应当有一门科学专管其事，叫记号学(sémiologie)。

(2)语言符号具有任意性

语言记号是任意的，指记号是不可论证的。这个原则极为重要，这在他的《一般语言学教程》里是第一个原则，其他论点实际上都由此推导出来。任意，指能记、所记之间没有任何内在的联系，听觉映象和概念之间并没有内在联系。正是由于具有这样的任意性，才有世界各种语言的存在，不然世界各种语言可能是一模一样的。各种语言的存在、发展，证明语言记号确实具有任意性的特点。

(3)语言符号既具有任意性，也具有非任意性

在论述任意性的原则时，索绪尔也看到语言中还有不任意的地方。他提出两个术语 motivation，有缘由可讲的东西、可证的；im-motivation，不肯定的，否定的，不可论证的，不可解释的。他提出派生词是可解释的、可论证的、非任意的，其中的声音和意义有一点联系。

(4)任意性是语言符号可变性和不可变性的原因

索绪尔从第一原理——语言记号的任意性引申出来，说语言有历史演变的传承性……在语言这种强迫的自由投票中，个人对语言不能作变更，大众对语言也不能发挥绝对作用，大众被束缚在原有的语言上。因此语言总是作为前代的遗产传承下来，一个既成的语言状态总是历史因素的产物。

从不变性这一面，索绪尔又讲到语言记号的可变性一面。他认为可变性也是由任意性而来的，正因为是任意的，也蕴涵着可变的因素。当然大众是保守的，语言是历史传承下来的，如果没有稳定性，就不可能进行交际。

除此之外，方先生在《索绪尔〈一般语言学教程〉选讲》中还对索绪尔的“符号是能记和所记的两面结合”这一观点进行了肯定。“索绪尔承认语言的两面性，有概念，又有听觉映象，缺一就不是语言记号。他作的这个分析是心理过程的分忻，并没有丢开哪一面……应该肯定他是强调两面性的。他的分析有层次，没有抹杀两面性的统一。”

三、方光焘对索绪尔学说的批评

(一)唯心主义和反历史主义

方光焘对索绪尔的批评受到时代的影响。20世纪50年代，苏联语言学家契诃巴瓦、布达哥夫等人评论索绪尔语言理论具有反历史主义的倾向，是资产阶级唯心主义学说。方光焘受此影响也批评索绪尔的学说有唯心主义色彩和反历史主义倾向，更多的是把批评的矛头指向唯心主义。这一批评有其特殊的历史背景，应该说是有失公允的。

(1)唯心主义

方先生认为索绪尔把语言视为心理现象，把语言符号的能指和所指都看成是心理的而与物质世界脱离，这是唯心的。他在《言语有阶级性吗?》一文中说："'能记(听觉映象)和'所记'(概念)都是心理的。这样一来，索绪尔把存在在社会成员脑中的语言知识代替了实际的言语活动中的语言。语言也不可能像索绪尔说的那样，纯粹是属于心理的。索绪尔把语言解释为集体意识，把语言解释为存在在个人脑中的脱离物质音响的东西，那些说法都是不正确的、唯心主义的。"在《评索绪尔语言和言语的区分》一文中又说："把实际音响归于言语，以听觉映象来代替物质的实际音响作为能记，认为声音和能记无关，这样就取消了语言的物质性，回到唯心主义观点里去了。索绪尔自己也处在自相矛盾的地位。他一方面说记号的能记、所记都是心理的，而另一方面又认为语言是社会集团的交际工具。如果说语言是心理的，凭什么作为交际工具呢？他认为语言是表达观念的记号体系，存在于社会心理之中。那么又凭什么东西把心理的能记、所记取来表达观念呢？这就是他讲不通的地方。"方先生还在《语言的记号性问题》一文中提出："索绪尔的语言记号不是事物与名称的结合，而听觉映象与概念的结合，完全成了心理的东西。语言是表达观念的价值体系。其中的真理在于语言是一个体系，这一点在当时是先进的，进步的，但他要把这一价值体系从客观现实的联系中割裂开来，独立出来，就是唯心的了。"

方光焘认为索绪尔的唯心主义思想受到社会学家涂尔干的影响。他《涂尔干的社会学与索绪尔的语言理论》一文中谈道："索绪尔语言学说有唯心主义的东西。他的社会观是接受涂尔干的论点，而渊源于孔德的。这种社会观是存在于意识之中的观念的集合，不是具体的历史的现实，唯心主义色彩十分明显。涂尔干认为语言学是社会心理学的一部分，索绪尔认为记号学是社会心理学的一部分，语言学是记号学的典型代表。可见，在索绪尔看来，语言学和心理学是不可分割的，正如涂尔干认为社会学和心理学不可分割一样。"

(2)反历史主义

方光焘在《一般语言学的对象与任务》一文中说："索绪尔区分了体系的研究和历史的研究，而且不适当地对立起来，很容易引人走向反历史主义的道路。"

(二)割裂语言和言语的关联

方光焘虽然赞同区分语言和言语，但认为索绪尔在区分语言和言语的时候不懂得两者辩证统一的关系，把两者绝对地对立了起来，由此割裂了语言和言语之间的关联。方先生认为语言和言语之间存在着一般和个别的辩证关系，也正是因为索绪尔不了解语言和言语之间一般和个别的统一，从而把社会的和个人的对立起来，也把实际音响错误地排除在语言研究范围之外。

方先生在《言语有阶级性吗?》一文说："纯粹属于个人的、与集体完全对立的言语是根本不存在的。这是索绪尔头脑中的虚构。"在《评索绪尔的语言和言语的区分》一文中说："为了认清语言学以语言为研究对象，从言语活动中区分语言和言语是完全必要的，但是不能把个人的言语和社会的语言对立起来。纯粹的个人的言语是不存在的。我们不承认有个人的言语的存在，即使有的话，也不会被人理解，它已经失去言语的资格。"在《索绪尔〈一般语言学教程〉选讲》中说："索绪尔认为当这种语言通过生理发声的机构实现出来，已经不是语言，而是个人的言语。语言存在于脑子里，实现出来只是个人的言语。他不承认在个人言语中有语言，不了解在言语活动中的个人言语里有语言存在，不了解一般和个别的统一，把社会的和个人的对立起来。”又在《评索绪尔的语言和言语的区分》中提出：“实际音响自应属于语言。但是索绪尔把实际音响也归于个人的言语。由于通过个人发出来的音响千差万别，索绪尔对语音学的看法就认为是语言学的辅助学科，不属于语言学的一个部门。在这里，也可以再次看到索绪尔对语言一般与言语个别的关系是割裂开来的。语言的实际音响不是以个人为主的，尽管生理发声出于个人，但起到语音作用的实际音响是以共同的语言为主的。索绪尔连这一点也排斥了。”

在方光焘看来，揭示出语言和言语之间具有一般和个别的辩证关系，既有助于明确语言学的研究对象，也有利于把两者统一起来，澄清“语言没有阶级性而言语有阶级性”这一在 50 年代末期的中国语言学界形成的错误看法。他对这一问题作了多次阐述。

早在 20 世纪 50 年代中期的《语法学原理》一文中，方先生就提出语言和言语之间具有一般和个别的关系。“民族、社会的共同语言显现在个体的言语之中。由于言语表达个人的思想感情，言语就含有个人的成分；但言语得以相互交流，其根本的原因还在于它使用的手段——语言本身是一种共器。正是出于这样的理解，才能说语言和言语有一般和个别的关系。从无数的个体的言语中显现出来的语言是一般的、共同的。”“语言与言语是从言语行为中同时看见的。从个人传情达意说，是个人言语；就社会共同点着眼，则是语言。从主观方面考察是言语，而就客观的一面来说则是语言。《红楼梦》这部作品，按曹雪芹个人的言语来说，是他个人的言语活动的产物；要是从社会共同的汉语的词汇、语法等共同要素来考察，则是汉民族社会的语言。这样分析，可以肯定地说一般的因素显现在个别之中，语言包含在言语中。”

到了 50 年代末期，方先生在“言语是否有阶级性”的争论中也是反复谈到语言和言语之间所存在的一般与个别的辩证关系。《言语有阶级性吗?》一文中有这样的话：“我们从具体的千差万别的言语中抽象和概括出语言来，也就可以把什么是一般的，什么是个别的区分开来了。这样的区分能帮助我们更进一步地明确语言学的研究对象。”

方光焘先生基于自己对语言和言语关系的认识，也不赞同索绪尔把语言学分为“语言”的语言学和“言语”的语言学，在他看来，语言和言语是一般和个别的关系，对两者的研究都属于语言的研究，无需再设立研究言语的学科。他在《语言和言语问题讨论的现阶段》一文有这样的表述：“最使我怀疑的，是张先生的语言科学和言语科学的研究对象不同的说法。真的，只有语言科学的研究对象才是语言，而言语科学的研究对象只是言语吗？我们既然承认语言存在于言语中，那末离开了言语或言语作品，我们又到哪里去找语言科学的研究对象呢？”

我们认为，将语言和言语的关系看成工具和工具运用的关系而不是个别和一般的关系更为恰当。同时，方光焘批评索绪尔割裂语言和言语的关联是有失偏颇的。索绪尔虽然强调语言和言语在社会性和个人性上构成明显区别并将语言置于优先的地位，但同时也强调两者之间是相互依存互为前提的。对此，索绪尔有非常精彩的描述：要言语为人所理解，并产生它的一切效果，必须有语言；但是要使语言能够建立，也必须有言语。从历史上看，言语的事实总是在前的。如果人们不是先在言语行为中碰到观念和词语形象的联结，他怎么会进行这种联结呢？另一方面，我们总是听见别人说话才学会自己的母语；它要经过无数次的经验，才能储存在我们的脑子里。最后，促使语言演变的是言语：听别人说话所获得的印象改变着我们的语言习惯。由此可见，语言和言语是相互依存的。语言既是言语的工具，又是言语的产物。

虽然我们也认同方先生“言语不可能具有纯粹的个人性”的观点，言语的个人性不是完全自由的个人性，而是受到社会性的制约，是社会性和个人性的统一，但和本质特性是社会性的语言相比，言语和语言在个人性和社会性上能够形成明显的对立。至于语言学是否可以在“语言”的语言学之外再建立一个“言语”的语言学，这还可以讨论。2002 年在武汉大学举行的首届“言语与言语学国际学术研讨会”的中心议题就是是否应该建立言语学，大多数学者是倾向于建立言语学的。

(三)割裂共时和历时的关联

方光焘反对索绪尔将共时和历时对立起来，也反对索绪尔将要素和体系的关系分割开来。他在《研究汉语语法的几个原则性问题》一文中说：“索绪尔把历时、共时对立起来，甚至说历时妨碍历时的研究，我们就不能接受了。”在《语言的记号性问题》一文中批评道：“索绪尔认为体系不是由过去的发展所决定的，把历史和体系割裂开来，对立起来。他认为历史可以妨碍、干扰体系的研究。强调历时、共时不能并存。这种片面观点可以说是时代的局限。”

方光焘在区分共时和历时并将共时视为研究重点的基础之上，认为共时和历时的关系互不排斥，具体表现在以下两点：

(1)共时是历时的产物，历时要素的交替会影响到共时体系

方先生在《论“二”和“两”(提纲)》一文中谈道：“语言体系是从历史中成长起来的，是在历史过程中积累起来的。语言的现状是不断的历史演进的结果。语法学家对语言现状进行静态描述的时候，也应该注意历史的发展；倘若我们只顾语言现状的描述和分类而忽视历史的说明，许多现象就得不到正确的解释。”又在《研究汉语语法的几个原则性问题》一文中提出：“体系是历时的产物，离开历时也就无法圆满地解决体系问题。比如‘吗’表示疑问，离开历时就很难解释。”

(2)历时要素的变化是共时体系的要求

方先生在《语言的记号性问题》一文中说：“索绪尔的体系是机械的、被动的。他认为体系的演变只是接受要素的变化而变化，整个体系不变，体系完全被动地、机械地接受言语的变化。那么，究竟是要素在变化还是体系在变化呢？从现象上来看固然是由要素的变化来实现的，实际是体系的要求才有要素的变化，只是通过要素的变化来实现。”

方先生在《论“二”和“两”(提纲)》一文中对汉语“两”代替“二”的分析充分地说明了上述两点。共时体系里因为“二五不清”(“二”，日纽，归泥；“五”，娘纽或疑纽，也是归泥，就不容易辨

清楚，这种情况现在还有残留)，造成交际困难，逐渐引起要素变化，由“两”来代替“二”。

方先生对索绪尔关于共时历时对立关系的批评是值得重视的，因为索绪尔确实认为“共时观点和历时观点的对立是绝对的，不容许有任何妥协”，也说到“变化永远不会涉及整个系统，而只涉及它的这个或那个要素，只能在系统之外进行研究”。索绪尔对两者对立性的强调远远重于对两者统一性的指认。虽然索绪尔的目的是为了将语言研究的对象定位在共时系统上，跳出历史比较语言学的桎梏，但因此而忽视两者间的互动关系是不恰当的。

(四)丢弃语言的社会功能

方光焘指出，索绪尔把语言视为完全自足的价值体系，和现实无关，这是丢弃了语言的社会功能。他在《语言的记号性问题》一文中说：“索绪尔把语言看成价值体系，就是只注意价值体系的共同性，而完全忽视了语言的功能作用。索绪尔把记号所标示的意义内容看成价值，把记号的功能看成表示价值的差别，语言成为纯粹的价值体系。这样的语言记号和现实已经毫无关系。他认为语言是自足的独立体系，这个体系从历史中解脱出来，又从现实的功能中解脱出来。结果他的结论就是为语言而研究语言，把语言价值体系的社会功能全盘丢弃了。”

方先生的这一批评是中肯的，索绪尔为了把语言学的研究对象锁定在同质的语言和内部自足的价值系统中，将一切混质的事物都排除在外，这样就切断了语言同外部现实世界的联系，这一影响一直波及结构主义语言学和转换生成语言学，当代的功能语言学和认知语言学对语言非自足的强调可以说是对索绪尔这一观点的纠正。

(五)强调关系忽视实质

方光焘先生认为索绪尔只注意语言要素之间在相互关系上的对立，不问要素本身的质的特征，这是需要否定的。他在《语言的记号性问题》一文中写道：“由于只注意记号的共同性，就必然会抹杀语言各要素的质的特征。比方说声音是语言的要素，但索绪尔认为声音的本质不属于研究范围之内。他只注意示差，只问要素的对立关系，不问要素本身的质的特征。”

索绪尔确实将语言要素属于实质的那一部分排除在外，从而使得研究对象圈定在共时语言系统这一同质范围当中，更使得“语言是形式而不是实质”的观点引起语言学界普遍的反响，甚至是掀起了整个结构主义思潮。用我们当代的眼光来看，不研究实质是索绪尔的局限，但若放到特定的时代环境中，这大抵是索绪尔不得不做出的取舍。

(六)夸大任意性的地位

方光焘先生认为任意性是语言记号的重要特征，但不能把语言记号的全部特征归结为任意性。一方面，语言中既有任意性也有非任意性，索绪尔本身承认语言结构具有非任意性就是对任意性的部分否定；另一方面，任意性到非任意性之间的过渡及反向运动是一个历史过程，这就意味着属于语言本身的任意性不能总结语言全部的特性。这些观点体现在《语言的记号性问题》一文中，他说：“布达哥夫认为，语言记号一般仅仅在低级形式(音素、部分词素)才是任意的。至于在它的高级形式(词)则是经常倾向于论证性(即可解释性)。这样，他们实际上已经修正了索绪尔的论点，已经否定了语言记号的任意性。”“一种语言的发展如果可以由任意而转向论证，或者由论证而转向任意。已足以说明变化是由历史产生的。既然这些现象是在发展中产生的，那么记号的特性便不能说是语言本身所持有的。索绪尔未能看清语言记号具有多方面的特征，简单化地把语言记号的一切归结到任意性，也就必然是错的。”

对方先生的这一批评，我们并不赞同。首先，不能因为语言中存在非任意性就意味着任意性原则受到了挑战。索绪尔早已在他人所谓的修正之前就已经看到了语言结构的非任意性，同时，索绪尔也精当的指出，非任意性的语言结构是建立在任意性的语言要素之上的，非任意性永远不是“绝对”的，只有任意性才是绝对的。正因为此，索绪尔将语言的非任意性称之为“相对 ”任意性。其次，任意性和非任意性之间的往返变化是由时代和语言使用者的更迭造成的，这一外部要素虽然也可以看作语言的特征之一，但不可因而否认任意性是语言的根本特征。所谓语言的根本特征并不是说它可以蕴含语言的所有特征，而是把语言和其他符号进行对比及将语言的所有特征进行对比而挖掘出来的特征。

四、方光焘对索绪尔学说的发展——广义形态说

广义形态说是方光焘汉语语法学说的精华，是贯穿汉语语法研究的指导思想，不仅是对汉语语法学做出的重大贡献，更是对索绪尔学说的重要发展。他在《谈现代汉语语法中的主要问题》一文中明确说道："我提出的广义形态是根据索绪尔的语言学说。"

(1)广义形态的提出

广义形态是方光焘先生在30年代末、40年代初的文法革新讨论(1938—1943)到50年代的汉语词类问题讨论(1953—1956)中提出的划分汉语词类的标准。最早见于《体系与方法》一文。"我以为词性却不必一定要在句中才能辨别得出来。从词与词的互相关系上，词与词的结合上(结合不必一定是句子)，也可以认清词的性质。譬如说：'一块墨'、'一块铁'，'墨'与'铁'既然都可以和'一块'相结合，当然可以列入同一范畴。又如在'流水''红花'的结合里，东华先生不是也可以辨别得出'流''红'两字是状词么？我认为词与词的互相关系，词与词的结合，也不外是一种广义的形态，中国单语本身的形态，既然缺少，那么辨别词性，自不能不求助于这广义的形态了。"

(2)广义形态的内涵

何谓形态？形态这个术语是由西欧传来的。主西欧语法的传统下位区分是把语法分成两个部分：词法(morphology)和句法(syntax)。由字面译，morphology，即形态论；syntax，即结构论。前者研究词本身，后者研究词的联结，两者的关系是密切的。形态即指表示语法意义的词形变化，西方以形态作为词类区分的标准。

汉语的词类划分是个棘手的问题，方先生针对这一问题提出了"广义形态"的概念，即"词与词的互相关系"。他在《汉语词类研究中的几个问题》一文中赋予"形态"如下内涵："我把意义部(表示表

象的观念的语言要素）与形态部（表示观念间的关系的语言要素）相结合的整个结构、构造叫做形态，所以形态并不等于形态部。”即方先生将具有一定的形式标志，表达出一定关系的结构、构造叫做“形态”。

方先生在《汉语形态问题》一文中对“形态”的定义进行了补充说明。“‘形态’的定义，先决条件是一定要有形式标志，不然就不是语法关系的特征。‘红花’，作为一个构造、结构有一定的形式标志，即‘红’在‘花’前，‘花’在‘红’后的词序，这种词序是限定关系、规定关系。这样，形态的含义就从西欧语法里原有的范围扩大了，复合词、派生词都可以看成形态。”“形态是由意义部和形态部两个部分结合在一起的。‘红’和‘花’都有一定的意义，依靠词序这个形态部而组成一个构造、结构。‘桌子’，‘桌’是意义部，‘子’是形态部，这种形态部一定结合在一定的名词之下，本身并不独立存在。”

方先生的“形态”实质上就是索绪尔重要论断“语言是形式而非实质”中的“形式”。他之所以不使用“形式”这一术语而坚持叫“形态”，是认为这种叫法更科学合理，可以和其他学科的通行叫法保持一致。他在《形态与功能》一文中说道：“现在一般用法的倾向，把大范围的叫‘形式’，‘形态’只限于词形变化。我认为应当加以规定，主张大范围的叫‘形态’，词形变化就叫词形变化。为什么这样叫法呢？有一个原因。‘形态’这个词并不是语言学专用的，其他科学部门里也用它，如‘植物形态学’、‘社会形态学’、‘文艺形态学’等。既然各部门都叫作‘形态’，为什么语言学里却叫‘形式’呢？”

方先生的看法虽然有道理，但由于“形态”一词在西方语言学界一般都做狭义的“词形变化”理解，用它来表示“词与词的组合、构造”并不易被中国学者所接受。同时，索绪尔原本指“词语组合、关系”的“形式”一词到了结构主义语言学阶段特别是美国描写语言学派那里就演化为抽离了“意义”的纯形式，也不宜用它来表示“结构关系”。陈望道先生在《从分歧到统一》一文里建议对“广义形态”这一术语进行修改，认为把“广义形态”作为中国文法的对象，有许多不便的地方，拟用"表现关系"一词来代替。方光焘先生表示愿意接受陈望道先生的修改建议，但同时也提出了一点顾虑，担心"表现关系"易与"意义"混淆。他在《建设与破坏》一文中说："我们知道，语言是记号的体系，一个语词就是一个记号。索绪尔把记号分成能记(significant)和所记(signifie)两部，意义当然隶属于所记部分，而表现关系，似乎应该是隶属于能记部分的。这解释不知道望道先生能不能同意，我因为深怕'表现关系'与意义混淆，所以特在此地附带声明一下。"

(3)广义形态说的意义

从整个学术背景来看，方光焘的广义形态说可谓独树一帜。广义形态说实际上是一种分布理论，但在时间上则比美国描写语言学家哈里斯(Z. Harris)的分布理论早十多年。广义形态说的重要意义，可从以下两个方面进行观照。

① 纠正了汉语词类划分问题的偏误

在方光焘先生提出广义形态说以前，汉语的词类划分该以什么为标准，众说纷纭、莫衷一是，广义形态说提出以后，以此为标准的看法逐渐深入人心。

汉语是狭义形态不够发达的语言，这一特点为汉语词类的划分带来了不小的麻烦。有人认为，汉语的实词没有形态变化，所以汉语的实词不能分类。另有一部分人虽然认为汉语的词能分类，但分类的标准却各不相同。有的以意义为标准，有的以形态为标准，有的以功能为标准。根据意义划分出来的词语类别未必具有语法上的说明力，同时意义也较难把握；形态在汉语中极不丰富，不具有普遍的效力；功能一般理解为：某类词在句子中充当职务的能力，如充当主语、谓语的能力。汉语中，词类和句法成分之间并没有简单的对应关系，在主语位置上的既可是名词性词语，也可以是动词或形容词性词语；在谓语位置上的既可以是动词性词语，也可以是形容词性词语，甚至是名词性词语。可见，根据词语在句子中充当职务的能力来给它分类也是无济于事的。

正因为上述种种标准存在着这样或那样的问题，方光焘在文法革新讨论时期开创性地提出了广义形态的概念，用以解决汉语的词类划分问题。他举了如下实例：像“了”多跟动词出现，如“吃了”“喝了”“说了”，而不跟名词相结合；“一张”后面只跟名词，如“一张纸”“一张桌子”；“的”字前面往往跟形容词或限制性的词组相结合，如“红的”“白的”。考察、研究、分析这些词的结合可以帮助我们进行词类的区分。

经过50年代的汉语词类问题讨论，大家认为，单纯从意义出发给汉语划分词类是不行的。所以有的人又主张以形式为主，以意义为辅。还有的人主张同时使用三个标准。多标准看似全面，实际上并不能解决多少问题。方先生认为词类划分应该采取单一标准，这个单一的标准就是“形态”。之所以用“形态”统领“意义”及“功能”标准，是因为他的“广义形态”本身是形态、意义和功能的结合。

先看形态和意义的关系。方先生认为形态和意义之间相互依存。类意义不可能仅仅从意义里去概括，必然具有一定的形态标志，没有形态标志，类意义就概括不出来。他在《写在〈形态与功能〉之前》一文中说：“‘茶壶’作为个别词，和‘椅子’等一起概括起来，即事物的名称。这种概括起来的概括词具有类的意义。……没有形态标志‘一把……’，类意义就概括不出来。”

再看形态与功能的关系。方先生的“形态”和现在一般所说的“形态”是不同的，前者是广义的形态，指词与词的组合，后者指词形变化这种狭义的形态。广义的形态在方先生是包含功能概念在内的。方先生在《形态与功能》一文中，对形态和功能的关系做了诠释。“功能是形态的一种属性，抽取掉功能的形态是不存在的。功能不外是一种形态，因为功能指一种排他地相结合的能力，一经结合就有表现形式，就有形态。”

方先生在《汉语形态问题》一文中对形态、意义、功能三标准的统一这样总结道：“三种标准可以统一到广义理解的形态之中。形态本身就包含着不可缺少的意义，而功能必定要依附于表现为一定构造、结构的形态。因此，研究语法应当以形态为主。”

方先生主张用单一标准而非多重标准来划分词类具有方法论的意义。同时，依据汉语的特点，进行切合实际的形态分析，已成为汉语语法研究遵循的原则。

② 推进了汉语语法体系的建立

方光焘不仅把形态作为汉语词类划分的标准，还将形态视为语法体系的基本单元，提出“集形态而成范畴，集范畴而成体系”的观点，试图建立不同于“以句子意义做骨架”的汉语语法体系。

方先生非常反对以句子的意义做骨架去建立汉语语法体系。如过去把“台上坐着主席团”的“主席团”视为倒装的主语，“台上”视为倒装的宾语，这就是从句子意义出发，而不是从结合、从关系上看的。他认为，研究语法决不可以意义为出发点，应以“广义形态”作为语法研究的对象。他在《汉语词类研究中的几个根本问题（提纲）》一文中说：“语法学是以‘形态’为研究对象的。”他在《语法学原理》一文中说：“只有形态，才是语法研究的出发点，所以形态部就成为语法研究中的主要角色。我们可以说，语法实际上是研究关系的，词与词以及词与其他要素的关系才是语法研究的主要内容。”

该如何理解“形态——范畴——体系”三者之间的递进关系呢？

先从范畴说起。《汉语形态问题》一文中提出：“范畴是一种大的高级的类概念，是概念的最高的上位，最高的类（如人、生物、物质、由下而上，直到最高）。研究各门科学，研究任何一种现象，都要研究对象的类概念。……语法范畴大体分为两类：基本语法范畴，通常称为词类的语法范畴是基本语法范畴，这在任何语法里都有。另一种是附加语法范畴。如讲词类是指某一种词类所特有的，这类词在附加范畴基础上建立起来。如俄语里有性的范畴，名词由此建立。时间也是范畴，有这种范畴的是动词。因此，语法范畴是概括意义和它的形式标志的统一。”

既然词类是汉语的基本语法范畴，而同时汉语又缺少附加语法范畴，那么成功的建立汉语的词类就是建立汉语语法体系的基础和关键。这样，广义形态就不仅仅是汉语词类划分的标准，自然也是汉语语法的研究对象。对西方语言来说，语法研究的对象包括形态论（morphology）和结构论（syntax）两个部分；但对汉语来说，由于缺少词形变化，词类要在句法结构中进行观察，形态论和句法论不能截然分开，汉语语法没有划分形态学和句法学的必要，广义形态一词就打破了形态学与句法学的传统界限，包括了这两部分所涉及的全部内容。所以方先生在《汉语词类研究中的几个根本问题(提纲)》一文中说，“把形态作为语法学的研究对象，也不是偶然的，而是语法本身的性质使然的”。

体系该如何理解呢？方先生在《再谈体系与方法》一文中谈道：“体系是共存的(co-existent)词类间的有脉络的关联。英法两国的文法书里，都有 adjective 这一词类名称，可是法文的 adjective 对于他词类的关系，和英文的 adjective 对于他词类的关系，却不一样。法文的 adjective 有阴阳性的划分，有单复数的区别，而且常常是紧接在所形容的名词后面。英文的 adjective 却常常放在所形容的名词前面，也没有‘性’与‘数’的区别。这些不同，实在可以说是造成两国不同的文法体系的要因。所谓体系，说得通俗一点，我以为不妨就当作‘组织’解。”

可见，说明范畴之间的各种关系，就构成了体系。显然，相对于“以句子意义做骨架”的体系观而言，“集形态而成范畴，集范畴而成体系”这一观点要进步很多，是建立汉语语法体系的有益尝试。

第二节　高名凯

高名凯先生是《普通语言学教程》的译者，且在索绪尔语言理论的基础上，以《语法理论》和《语言论》两部著作构建了自己的语法理论体系和语言学理论体系，对索绪尔学说的传播做出了巨大的贡献。高名凯先生对索绪尔学说中的重要观点都给予了积极肯定，也指出了其理论中存在的多个问题，特别是对其符号观的神秘性和单一性持反对意见，基于此，高先生提出符号多面性的观点，很大程度上修正和发展了索绪尔学说。

一、高名凯简介

高名凯(1911—1965)，福建平潭县人。著名理论语言学家、汉语语法学家和文学翻译家。1936年从燕京大学哲学系毕业后，入法国巴黎大学研究院文学部专攻语言学，师从法国汉学家马伯乐，1940年在巴黎大学获博士学位。1945年任燕京大学国文系教授兼系主任，1952年起任北京大学中文系教授、语言研究所学术委员会委员、《中国语文》编委等职。高名凯与著名语言学家王力、吕叔湘齐名，他在介绍西方语言学理论方面做了大量工作，对中国20世纪语言学的研究起到了引领作用，为中国现代语言学的开拓与发展做出了重要贡献。

高名凯先生早期主要从事汉语语法的研究，回国后撰写了一系列有关汉语语法的论文，并在此基础上于1948年写成并出版专著《汉语语法论》。这本著作明确地主张，汉语语法研究应该根据普通语言学的原理来建立自己的体系，反对抄袭印欧系语言的语法格局。《汉语语法论》实现了作者的意图，在学界的影响相当大，与吕叔湘的《中国文法要略》、王力的《中国现代语法》和《中国语法理论》并列，被视为40年代汉语语法研究的三大代表性著作之一。这部著作为高先生的学术地位奠定了坚实的基础。

中华人民共和国成立后迎来了语言学发展的大好时机。1950年，苏联语言学界发生了一次大辩论，批判马尔。斯大林为辩论作了总结，发表了《论马克思主义在语言学中的问题》。这在我国产生了巨大的影响，出现学习马克思主义的热潮，语言理论自然也以此为契机受到普遍的重视，“语言学概论”被列入高校中文系与外文系的必修课。高名凯先生为适应这种需要转向语言理论的研究，在院系调整后的北京大学讲授“语言学引论”，并以此讲义为基础写成《普通语言学》。这本书很快成为我国当时“语言学概论”课的通用教材，另一本通用教程是高先生与周嘉桂一起翻译的苏联契科巴瓦所著的《语言学概论》。学界将高名凯先生与方光焘先生并提，一北一南，并称为我国理论语言学的两个重要代表人物。

高先生是中华人民共和国成立后一位非常活跃的语言学家，论著和译述很多。有些重要的学术讨论，例如汉语的词类问题、风格学问题、语言与言语的关系问题等，差不多都是因高先生的独特看法而引发出来的。有鉴于语法问题在语言研究中的重要性，高先生在完成了《普通语言学》之后又转向语法理论的研究，于1960年由商务印书馆出版专著《语法理论》。高先生认为，要解决汉语的语法问题就需要提高汉语语法研究的理论水平，而“要对汉语的语法问题进行理论的探讨就不能不对普通语法学的理论进行研究”，因此“我企图以我所能理解的马克思主义的观点、立场和方法，就国际上各语言学家对语法学的重大问题所提出的意见，进行讨论、批判和争鸣，并提出我对这些问题的看法”(《语法理论·序》)。在语言理论研究的道路上高先生又向一个专门的领域进行了一次有价值的探索。《语法理论》出版的时候正值我国的国民经济进入困难时期，但高先生的学术研究却马不停蹄，向更高的目标前进，试图建立一个完整而科学的语言理论体系，着手撰写《语言论》。经过两年多的努力，此书于1963年10月由科学出版社出版。从《语法理论》到《语言论》，前后只有三年的时间，高先生就完成了四十余万字的巨著，工作效率惊人。在这期间，高先生还与石安石先生一起主编了一本《语言学概论》(1963)。这本《语言学概论》是此后高校“语言学概论”课的主要教材。由于长期高强度的工作节奏，加上家庭负担过重，营养跟不上，高先生的体质日渐下降，患肝炎入院治疗。肝炎初愈之后，高先生又应南方一些高校的邀请去合肥、上海、南京等地讲学，终因长途奔波劳累，积劳成疾，肝炎复发，再次入院治疗。1964年冬，高先生的肝炎转化为肝萎缩，于1965年1月3日病逝，年仅54岁。中国语言学失去了一位有影响的理论语言学家。

《汉语语法论》《普通语言学》《语法理论》和《语言论》这四部书是高名凯先生的代表作。另外，高名凯的重要散篇论文汇编为《高名凯语言学论文集》，1990年由商务印书馆出版。高先生的语法学思想深受法国语言学家房德里耶斯和马伯乐的影响，他还批判地吸收了洪堡特、索绪尔、梅耶、高本汉和葛兰言等学者的学术思想。

高名凯是使索绪尔语言理论融入我国普通语言学理论体系的著名学者。他早在 1948 年发表的《语言的结构和哲学的思想》一文中，就对索绪尔的观点有所论述。在总结、吸收和批判国外语言学家的语言理论，特别是索绪尔语言理论的基础上，以《语法理论》和《语言论》两部著作构建了自己语法理论体系和语言学理论体系。

高名凯于 1963 年完成了语言学经典著作《普通语言学教程》的翻译，并写了长序《德·索绪尔和他的〈普通语言学教程〉》，这篇序言反映了他对索绪尔《普通语言学教程》全面而深刻的认识。因种种原因，中译本和这篇长序直到 1980 年才问世。高名凯还于 1964 年下半年开了不到一学期的索绪尔语言理论研究课(因病在期末一个月前停课)，助教是后来的索绪尔研究专家索振羽教授。

汉语的研究有悠久的历史，但没有理论研究的传统。语言理论研究原是中国语言学的一个空白地区。高名凯先生一生致力于语言理论研究，为建设中国的理论语言学进行了艰苦的努力，作出了重要的贡献。

二、高名凯对索绪尔学说的肯定

高名凯在《德·索绪尔和他的〈普通语言学教程〉》这一长篇序言中对索绪尔学说给予了高度肯定。他认为索绪尔在《普通语言学教程》里所提出的理论包含有许多新鲜的见解和许多合理的内核，对 20 世纪语言学的发展起了推动的作用。20 世纪的西方语言学，在相当程度上，是在索绪尔的理论的影响下发展起来的。现代语言学中的许多学派都是在直接或间接地发挥索绪尔的某些论点的情况下建立起来的。

(一)语言和言语

高名凯先生完全赞同索绪尔对语言和言语的区分。他认为，索绪尔区分语言和言语的论点是为了明确语言学的研究对象而提出的。索绪尔认为语言是以符号系统为特点的交际工具，就有必要把语言和言语区别开来，因为作为社会交际工具的语言绝不能被看作人们交际时的发音动作及其所组成的言辞，只有把语言和言语区别开来，才能了解作为交际工具的语言是一套社会公认的符号系统，才能明确语言学的研究对象就是这一套社会公认的符号系统，才能集中力量对这一交际工具进行深入的研究。

高名凯先生还在《语言论》中谈到，语言和言语的区别不但是事实上存在的，并且具有重要的实践意义。

(1)这种区别能够使我们正确地理解语言，因而正确地对待语言。语言是全民的交际工具，是帮助人们体现思维或表达思维的工具。但在没有区别语言和言语的情况下，人们是不能真正理解这一原理的。不少人把人们嘴里所说的"话"看成语言，如果嘴里说的"话"是交际工具，那么交际的行为和交际的内容又是什么呢？不少人把思想和语言混为一谈，美国的行为主义心理学家就是这样，他们认为思想中的判断就是句子。如果这样的话，那么思维和帮助进行思维的工具又有什么区别呢？思想和表达思想的工具又有什么区别呢？

(2)这种区别能够帮助我们明确地确定语言学的研究对象。一般地说，语言学的研究对象就是语言。但是，如果对语言到底是什么还不明确，语言学的研究对象就会模糊起来。区别了语言和言语，我们就可以明确语言学的真正研究对象或它的直接研究对象就是存在于言语作品之中的语言成分及其所形成的词汇系统和语法系统的总和。并且，因为语言从言语中得到滋养和补充，而且依靠在言语中所创造出来的要素(从个别的词、词的形式以至于整个句子)而得以发展，语言学家还要研究言语作品中对语言的发展可以起作用的个人表达手段的成分、个人的成套的表达手段的系统和语言在具体交际场合中的所形成的特殊的表达手段的系统，以及语言在其他方面所分化出来的变体。

(3)这种区别能够促进语言学去研究语言的运用和语言的运用所产生的某些现象及其规律。不认识语言和言语的区别及其关系，不承认不同于语言的言语的存在，语言学的研究就将被限于对语言的词汇系统和语法系统的研究。认识了语言和言语的区别及其关系，人们就可以意识到在语言和言语之间有交叉的地方，即语言要素成分存在于言语之中，而言语要运用语言成分来组成，这样一来，如何运用语言成分和未成熟的语言成分（即尚未全民化的表达手段），甚至于与语言具有同类性质的其他的超语言的表达手段，例如篇章结构等，去组织言语的问题就会引起学者们的注意，加以研究。虽然这种研究不是纯粹语言学的研究，它却可以成为一种语言学的边缘科学即言语语言学。以往的修辞学事实上就是言语语言学的研究，它所研究的正是如何运用语言中的词汇成分和语法成分去有效和巧妙地组织言语作品的问题。就是现代语言中兴起的所谓实用语言学，例如统计语言学、机器翻译学、电子通讯学等，也是研究人们对语言的实际运用，研究人们之如何组织言语作品或如何翻译不同的语言成分所组成的言语作品的问题中而兴起的。现代语言风格学的兴起并且是言语理论的直接产物。

（二）共时和历时

高名凯先生认为索绪尔的共时语言学与历时语言学的划分具有合理的内核。从事物客观存在的情况来说，事物都有其相对的静止状态的一面和其历史演变的一面。为了更加深刻地了解事物，在研究方法上，把这两个面区别开来，不相混淆，是有好处的。把语言中的历时秩序的现象和共时秩序的现象混淆起来，有碍于了解语言事实的各种现象。

例如，现代汉语的“了”是两个形位（一个是“了一桩事”的实词的“了”，一个是“看了他一眼”的虚词的“了”），这种情形只能就现代汉语的共时秩序的角度来加以分析，依照“了”在现代汉语的系统中所处的不同地位来加以分析。而古代汉语的一个“了”之如何分化成现代汉语的两个“了”则是汉语的历时秩序中的一个现象，我们不能因为现代汉语的两个“了”是从古代汉语的一个“了”分化而来的，就认为现代汉语中只有一个“了”，也不能因为现代汉语中有两个“了”就认为古代汉语也得有两个“了”。

索绪尔正确地指出共时语言学的研究更为重要，因为它是运用语言的人的研究目的，历时语言学是为共时语言学服务的，人们只是为了更加明确地了解语言的共时秩序才去研究语言的历时秩序的。共时语言学和历时语言学的区分使现代语言学走上了着重静态分析法的道路，使静态分析法成了20世纪语言学的中心论题，而与19世纪以历史比较语言学为中心论题的局面两不相同。共时语言学和历时语言学的区分，也使20世纪的静态分析法比起以往的静态分析法更为产密，更为细致。

(三)系统理论

高先生认为索绪尔的语言系统学说，是使20世纪语言学不同于19世纪语言学的基石之一。索绪尔正确地唤醒人们注意语言成分在系统中的地位和语言成分在系统中受其他成分制约的情形。

与系统理论休戚相关的，是索绪尔的语言价值理论。索绪尔正确地唤醒人们注意语言要素或语言成分在系统中受到其他要索或成分的制约而产生的价值，唤醒人们注意语言要素或语言成分之间的不相混淆而有所差别的情形对规定语言符号的价值所起的作用。它是现代语言学各学派规定语言系统中各种单位(如音位、形位、词位、法位等)的理论基础，也是现代语言学中把语言要素和单纯的声音或单纯的概念区别开来的理论基础。

索绪尔的联结关系和结构段关系的学说是现代语言学的静态分析法的基本原则，也给现代语言学中的静态分析法奠定了科学的基础。现代各语言学家之如何从言语材料中分析出各个语言要素或语言成分，都是依照联结关系和结构段关系之间的相互作用来进行的。例如词之为一个词汇单位，因为它是从言语单位的句子里分析出来的。以语言单位一个组成成分的身份出现于句子里的时候，词和其他的言语组成成分是浑然合体，密不可分地连成一气的，人们无从把它分析出来。然而比较了各个不同的言语单位的材料，就其中的各自的某一片段能彼此组成联结关系，并且是以充作基本的句子成分的特点上组成联结关系的情况来看，就可以把言语单位中的这一片段分析出来，鉴定其为一个词。另一方面，要从言语材料中分析出句法结构，也要依赖于联结关系；由于参考了词的某种联结关系，例如按照其共同具有语法上的名物意义而组成的名词的联结和按照其共同具有语法上的行为意义而组成的动词的联结，可以让我们分析出动词和名词所组成的动宾结构的结构段。

(四)符号理论

高先生认为索绪尔的语言符号学说给20世纪的语言符号的理论奠定了基础。索绪尔正确地提出符号是能指和所指的结合物，离开了其中的任何一端就失去了符号的作用，也没有符号的存在。这种符号两极性的学说，是了解符号本质特点的钥匙。不但如此，索绪尔又正确地指出语言符号的任意性特点，正确地指出语言符号任意性特点所派生的语言符号的不变性和可变性的特点及其与社会条件和时间条件之间的关系。索绪尔尽管把内在语言学和外在语言学分开，但他并不因此而否认语言符号内部的社会性，他在好多地方都谈到社会力量在符号形成的过程中所起的作用。

三、高名凯对索绪尔学说的批评

高先生在积极肯定索绪尔学说进步意义的同时，也在《德·索绪尔和他的〈普通语言学教程〉》一文中指出其语言理论有相当大的片面性，应当加以实事求是的批判。高先生对索绪尔的批评是很深入的，虽然在特定的时代不可避免地从多个层面指责索绪尔学说带有唯心主义色彩，但也绝不是空洞地乱扣帽子。

(一)受心理主义的束缚将语言视为心理现象

高先生认为索绪尔未能摆脱心理主义的束缚而把语言看成是心理现象，这是唯心主义的，正是这一观点使索绪尔对许多问题不能作出正确的解释。例如，他虽然正确地把语言符号看成是能指和所指的结合物，但却把语言符号中的能指看成心理现象的音响形象，把语言符号中的所指看成是心理现象的概念。其实语言是客观地存在于社会之中的具有物质外壳的存在物。语言符号的音响形象只是人们学习客观存在着的语言时反映在人们精神里的听觉印迹。如果没有客观存在着的语言，人们就不可能有这听觉印迹。尽管语言的产生和创造有赖于人们的心理活动和生理活动，但心理活动和生理活动并不就是语言，正如无线电收音机的产生和创造有赖于人们的精神劳动和体力劳动，但无线电收音机并不就是人们的精神劳动和体力劳动，而这后者也不就是无线电收音机一样。语言以具有物质外壳的存在物的方式存在于人们口里说出的言语之中，或者以具有物质外壳的存在物的方式存在于人们言语运动神经的活动所产生的内部言语之中。

索绪尔误以人们认识客观存在的语言时所获得的听觉印迹为语言符号的能指部分，又误以概念为语言符号的所指都分。其实，构成语言符号的所指部分是意义，不是概念，虽然意义是概念在语言符号中的体现形式。尽管意义的产生和创造有赖于人们的思维活动和心理活动，但意义却不就是心理现象的概念，而是和语言符号的能指部分(即语音方面)相结合而现实地存在于人们口里说出或没有说出口来的言语之中的。所以，索绪尔把语言看成是心理现象的观点是错误的。

(二)将语言和言语对立并片面认识两者的差别

高先生认为，索绪尔虽然正确地指出语言和言语的区别，但是他把语言和言语在社会性的问题上对立起来，把语言的物质外壳(语音)排斥于语言之外，使语言成了没有物质性的东西，并且只片面地了解语言和言语的某些差别。

索绪尔认为语言是某一社会集团全体组成员通过言语实践而获得的一种宝库，它是属于社会集体的，而言语则是个人意志和智慧的一种活动，其中可以分为说话者应用语法规则去表达个人思想时所做出的组合，允许个人把这些组合表面化的心理-物理的机制。然而我们是不是可以把言语看成是单纯个人的东西呢？当然，言语是个人运用语言机能的行为及其所产生的组合(即言语作品)，但是个人的行为及其产物是不是就是完全属于个人的呢？个人运用语言机能的行为事实上就是交际行为。交际行为显然是一种社会活动。尽管所有的社会活动都要通过个人的生理活动和心理活动来实现，但是我们却不能因此而否认其为社会活动。所以，不能把言语行为看成是个人现象。虽然言语可以允许个人因素的存在，但言语毕竟也是社会现象，不过是和语言不同的社会现象罢了。言语行为所组成的言辞或言语作品事实上也正是为让社会中其他的人听或看的，并且是能为社会中其他的人所理解的。我们也不能把它看成是纯粹的个人现象。所以，索绪尔把语言和言语在社会性的问题上对立起来，是没有根据的。

语言和言语虽然是不同的社会现象，但两者却有密切的联系。语言存在于言语之中，语言中的语音也具体地存在于言语的发音中。语言和言语的区别主要在于两者是各自独立的系统，虽然两者的部分组成成分可能相同(例如词既是言语系统的成员，又是语言词汇系统的成员)。语言以类聚性为结构特点，言语以线条性为结构特点。语言是词汇系统和语法系统(以及它们的组成要素的语音系统和语义系统)的总和，言语则是人们运用语言的表达手段和超语言的表达手段的行为及其所组成的言辞组合。索绪尔在很多地方都把语言和言语的区别模糊起来(例如没有区别清楚语言中的结构段和言语中的结构段)，正是他只片面地了解语言和言语的区别所使然。

(三)割裂了共时和历时的联系并以原子主义观点的立场理解历时语言学

高先生认为索绪尔区分共时语言学与历时语言学的学说虽然引起了人们对语言系统研究的精密化，但是他却割裂了共时语言学和历时语言学之间的联系。索绪尔认为共时语言学和历时语言学是绝对不能调和的，拒绝在研究语言的共时秩序的任何情况下运用历史的事实来解释，这种倾向后来就由某些结构主义者加以扩大，成了现代语言学中的反历史主义的潮流。

共时语言学的规律和历时语言学的规律也不像索绪尔所说的那样对立：一个是一般的而不是命令式的，一个是命令式的而不是一般的。问题在于任何规律都是一般的，但却都容许有个别的例外，不过“一般”云云，要有具体的范围。对某一个共时秩序的规律来说，在这规律所涉及的范围之内，它都是一般的，而又容许有个别的例外。例如就汉语“主一动一宾”的句法词序来说，在主语、动词性谓语和宾语的关系的范围内，这一条规律是一般的，但在特殊的情况下，我们却可以遇到宾语提前的情形。就历时秩序的规律来说，中古汉语到现代汉语之间的语音颚化的规律就其涉及的范围来说，也是一般的，它并不是说明某一个别现象的规律，而是说明某一群演变现象之间的一般的事实，而这一规律也容许有个别的例外。

索绪尔不能摆脱 19 世纪历史比较语言学家们的原子主义的错误，站在历史比较语言学家们的原子主义观点的立场上去理解历时语言学，认为历时语言学只研究系统中的个别成分的演变，不是系统的演变。语言既是一个系统，语言在历史发展的过程中，就应当是前后不同的系统之间的演变，而不是个别的零星的语言成分的演变，虽然这种演变是由后者来体现的。如果语言中看来只有个别的现象在历史中发生了演变，它也是以系统组成成分之一的身份而发生变化的，这变化既受其在系统中的地位的制约，又使系统产生新的调整，新的平衡。

索绪尔也错误地认为语言的历时秩序的演变并不影响语言系统的改变，也不是以改变语言系统为目的的。不能否认，语言中的某些要素，例如一个音位的改变，不一定会引起语言的语法系统的改变，但这只是局部的情形，语言的历史演变显然也能引起语法系统的改变，例如印欧诸语言的历史演变引起现代某些印欧语的词尾的消失，使其“性”“数”“格”的语法范畴的系统不同于原始印欧语，而新的语法成分的产生也不是都与改革语法系统的作用无关。正是这个缘故，索绪尔又自相矛盾地认为历时秩序的演变会产生语法系统的改变。

高先生认为，从研究方法上来说，我们既要进行共时语言学的研究，也要同时研究语言系统在历史上的演变，寻找其发展的内部规律及其与社会生活的相互关系来为我们对语言的现状的研究服务。

（四）将系统置于组成成分之前

高先生指出索绪尔错误地认为语言系统不是由个别的单位组织

而成的，倒是有了系统，个别的单位才能存在，换言之，索绪尔认为系统存在于个别的组成成分之先。这是唯心主义的绝对论在语言学中的反映，好像语言不是人们在劳动的过程中积累经验逐步创造出来的，而是早就存在于人脑之中的一个系统，个别的组成成分只是由于被放在这个系统里才有其存在似的。

如果语言系统是预先存在的，语言的扩张和发展就是不可能的，因为被放进系统里的新的组成成分既要受系统中的其他组成成分的决定而有其价值，其他的组成成分也将受新的组成成分的制约而起价值上的变化，结果起了变化之后的原有的组成成分和新的组成成分的价值的总和仍然不会超出原有的价值的总和，仍然不能超出预先存在的系统之外。

实际上索绪尔的语言系统学说也是自相矛盾的。虽然他反复地说，语言系统是由许多相互关系的组成成分组织而成的，但又强调语言是纯粹的价值系统，而价值则是由各项之间的差别关系来决定的，把语言系统只看成各个相互联系的组成成分之间的关系，把语言看成是形式，不是实体。其实，语言系统是整个语言存在的相对的静止状态，它是由许许多多语言成分组织而成的整体，而所谓价值系统或语言各成分之间的差别关系的系统则只是语言系统之内的某种结构关系的系统。索绪尔的语言是形式而不是实体的论断，事实上是就语言系统内部的某种结构关系的系统来理解语言系统的。然而这种理解与索绪尔所说的语言系统是由许许多多相互关系的组成成分组织而成的统一体的观点相矛盾的，并且是不合理的，因为绝不能拿事物的结构关系的系统去偷换事物本身的系统。事物的结构关系的系统仍然只是事物的结构关系的系统，不等于具有这种结构关系的事物本身。正是索绪尔的“语言是形式，不是实体”的论点使得现代语言学产生一种错误倾向，即企图以割裂语言结构关系与关系项的联系而对语言结构进行的研究去偷换对语言系统的全面的、有机的研究。

（五）否定了语言符号的本质创造价值

索绪尔认为语言符号的价值，就其能指和所指两方面来说，都是从“消极”方面产生的。例如，从语言符号的所指(既概念)方面来说，它的价值就是从它之不是其他的意思来决定的。英语的muttom所以有“烹好的羊肉”的意思，因为它不是“没有烹好的羊肉”，它不是一般的“羊”。从语言符号的能指方面来说，情形也是一样的，语言符号的声音部分所以能够存在就在于它和其他语言符号的声音部分处在“不雷同”的地位上，它也是从“消极”方面而有它的价值的。德语的Bach(小河)在法国人念来可以念成[ba：x]或[ba：R]，因为在法语里，没有[x]和[R]的价值上的差别，然而德国人却要念[x]，用以区别于[R]。只有当这两个方面的价值结合在一起的时候，才在“积极”方面产生了价值。任何一个语言符号的价值都是受它的环境所决定的。能够使一个符号和别的符号区别开来的东西就是构成这符号的一切的因素，差别可以创造特性，它也可以创造价值。

高先生认为索绪尔这个理论显然是外因决定论在语言学中的反映。任何一个事物的特点和存在都首先是决定于它的内部的本质特点，而不是决定于环境，虽然环境对它有影响。任何事物都有其不同于其他事物的一面，但这一面并不是决定其为何种事物的主要因素，更不是其一切的因素。事物之为事物首先决定于它的内部的本质特点。如果一个语言符号的能指的单位(例如a)是它和其他语言单位的差别，是由它之不是其他的语音单位而有其价值或特点，那么，为什么它就刚刚好是这一特定的语音单位a，而不是不同于其他的语音单位，而又不是a的语音单位呢？如果语音单位是由它不是其他的语音单位而决定它的价值的，那么，其他的语音单位又由什么来决定它的价值呢？如果其他的语音单位也同样地要由它和其他的语音单位的差别来决定，它不是它以外的语音单位来决定它的价值，那么，在彼此本身都只是消极的东西的情况下，大家都等于零，就连差别都谈不上，如何能够有各个语音单位的价值呢？从语言符号的所指部分的价值，即概念方面的价值来说，结果也同样不可思议。

至于由“消极”方面得出的两个部分的价值结合起来就成了积极的价值，就更说得莫名其妙了。当然，任何事物都有它的消极一面，它不是它以外的其他事物，但是仅仅这一面却不能使这事物存在，事物还有其“是什么”的积极的一面，并且这后者是更重要的。“消极”一面和“积极”一面并且是辩证地结合在一起，不能加以割裂的。索绪尔认为，分开来说，语言符号的能指部分和所指部分都是从“消极”方面而得到它们的价值的，而结合在一起，这两者就构成了具有积极方面的价值的语言符号的单位。他的论断显然是把“消极”方面和“积极”方面割裂开来。事实上，从语言符号的能指和所指两方面的价值来看，它们都既有“消极”的一面，也有“积极”的一面；从这两者的结合物来说，这个结合物也同样都有其“消极”的一面和“积极”的一面。作为音义结合物的某一个词既有它和其他的词的“不雷同”的地方，也还有其自己的内部特点的一面。

索绪尔这个错误的观点一直影响到现代语言学的一些理论，例如，某些结构主义者的只从语言符号的差别或对立来规定语言符号的性质的错误的方法论，就是在索绪尔这一学说的影响下发展出来的。

（六）将象征与任意性问题混同

高先生批评索绪尔认为语言中存在着相对任意性的符号，这是不能自圆其说的。索绪尔认为法语的 vinge（二十）是绝对任意的，而法语的 dix-neuf（十九）则是相对任意的。索绪尔指出语言符号之中的能指和所指的结合具有任意性，然而，这里索绪尔并不是就 dix-neuf 这个语言符号的能指和所指之间的关系来说明其具有相对的任意性，而是就能指-所指结合物的 dix，neuf 和能指-所指结合物的 dix-neuf 之间的关系来说明其具有相对的有理可说的特点，他已经没有遵照他自己对任意性所下的定义来处理问题。其实，dix-neuf 之类的现象是语言之后（post-linguis-tic）的象征作用，即具有任意性的语言符号与另外一个具有任意性的语言符号形成之后的彼此之间的象征作用，与语言符号的能指与所指之间的任意性的结合问题无关。

(七)将能指和所指的结合视为神秘事件

高先生批评索绪尔赋予语言符号能指和所指的结合以神秘的性质。索绪尔说，语言中的声音都分和概念部分就其自身来说都是无形的一团混沌，只有当它们结合在一起的时候，才各自具有形状，而这种结合则是神秘的。这种神秘主义的解说显然是唯心主义的，并且也和他自己的论点不相一致。

人们并不像索绪尔所说的那样，不认识语言，就听不出别人说出的声音。无数的语言调查工作者都告诉我们，他们虽然不认识被调查的语言，却可以听清楚别人运用这语言时所发出的声音，而把它记录下来。人们也不像索绪尔所说的那样，不认识新的语言，就不知道别人运用这语言时所表达的概念，许多旅行家都告诉我们，他们可以在某种程度上猜出他们所遇见的说不同语言的人所说的话的意思，虽然在猜想时他们要运用自己的语言去进行思维。没有声音材料和意义内容的存在，语言符号就不能形成，而这两者的结合也并不具备神秘的特点。

索绪尔既强调社会力量在使这两者相结合的过程中所起的作用，又认为这种结合说具有神秘性，这不但暴露了他的学说的自相矛盾，也暴露了他的学说的唯心主义的色彩。

四、高名凯对索绪尔学说的发展——语言是多面符号

《语言论》是高先生生前最后一部专著，凝聚了他一生的语言学研究。综观《语言论》，可以发现高先生在符号观上补充和发展了索绪尔学说，提出语言是复杂的、多面的符号。这一思想需从三个方面来加以理解：

(1)语言是抽象思维的承担者，它代表了抽象思维。我们可以通过人的语言去认识人的抽象思维。

(2)语言是客观事物的标志，它代表了客观事物，我们可以通过人的语言去认识客观世界的情况。

(3)语言中的每一个成分都是语音和语义的结合物，其中语音代表语义，我们可以通过别人口里说出的语音去认识他所要说明的

意义。

高先生对语言符号性质的理解既有继承索绪尔符号观的一面，更有发展的一面。

关于第一点，高先生与索绪尔均认为思想和语言是不可分割的统一体。索绪尔说，“语言可以比作一张纸：思想是正面，声音是反面。我们不能切开正面而不同时切开反面，同样，在语言里，我们不能使声音离开思想，也不能使思想离开声音。”“思想本身好像一团星云，其中没有必然划定的界限。预先确定的观念是没有的。在语言出现之前，一切都是模糊不清的。”高名凯先生同样说，语言和思维是密不可分地联系在一起的，它们是相依为命的。离开了语言，思维就不存在，离开了思维，语言也不存在。为了更加明确地指出语言和思维的这种关系，我们认为最好把这个统一体叫做“语言·思维”。

与索绪尔不同的是，高先生强调语言和思维统一的同时，也重视两者的独立与对立，他说语言和思维事实上是存在于同一个统一体内的两个对立面，不容混淆。第一，语言和思维各有各的职能。语言以提供交际工具和思维工具为职能；思维则以反映客观事物及其规律为职能。第二，语言和思维中的各个结构单位都不一致。不同的语言结构单位可以和相同的思维结构单位相联系，同一个语言结构单位可以和不同的思维结构单位相联系。这正是语言中有同义成分和同音成分存在的缘故，也正是各语言对同样的概念可以有不同的语言体现形式的缘故。第三，语言具有民族性，思维具有全人类性。由于思维的职能在于反映客观的规律，是人脑的一种机能，在共同的客观世界的决定之下，在人脑的共同的物质结构之下，思维进行的能力及思维进行的规律是全人类性的。语言则不然，它是人们的交际工具，必得是某一具体的全民社会团体全部成员在历史的发展过程中，随着该全民社会的特殊环境所创造出来而用来在这全民社会团体内部进行交际的工具，因此，思维如何被语言所体现或巩固就要受交际的具体环境所制约。第四，语言和思维各有各的发展规律。语言随着运用语言的人民的历史、交际环境、文化、思想的发展而发展，表现在随着社会的分化而在语音、语法、词汇系统方面的分化。思维则随着人类社会的认识能力的精密化和提高而发展，表现在分析能力、综合能力的改善或扩大、抽象化的提高和精密化的加深上。所以说，语言和思维是既统一而又不相同的关系。

由于高先生辩证统一地看待语言和思维的关系，将语言和思维融汇在一起的同时又将两者恰当的分离，这样就可以建立起通过语言去认识思维的理论意识，从而扩充语言学的研究领域，甚至可以说这是认知语言学的理论先导。而索绪尔先生仅仅是在语言内部研究语言，未及考虑语言和思维的互动关系，即便索绪尔能辩证地认识语言和思维对立统一的关系，基于他在当时的时代背景下要把握语言学的重点研究对象——语言，也必然会将语言和思维的互动研究归入外部语言学的范畴，这是我们不能苛责的。

关于第二点，高先生将语言看成客观事物的标志，索绪尔则强烈反对将语言符号看成事物和名称的连接，两人的观点可谓是针锋相对，互不相容。

索绪尔指出，如果把语言视为事物和名称的连接，语言就成了分类命名集，这种观念有三点错误：A. 它假定有现成的、先于词而存在的概念。B. 它没有告诉我们名称按本质来说是声音的还是心理的。C. 它会使人想到名称和事物的联系是一种非常简单的作业，而事实上决不是这样。由此，索绪尔否认语言有物质属性，认为语言是心理的，能指是心理性的音响形象，所指是心理性的概念。

高先生则站在唯物主义的立场上，批评索绪尔把语言视为心理现象，坚定地认为语言属于社会现象。虽然索绪尔也认为语言及其他所有符号都具有社会性，社会性还是将语言和具有个人性的言语区别开来的依据，但索绪尔所说的社会性实质上指的是“社会规约性”，即语言通过社会的规约而存在，不随个人的意志而发生改变，与高先生所说的社会性异大于同。高先生在《语言论》中最核心的观点便是语言的社会性，它实际有多层含义，其中一层是“社会依存性”，即语言和社会是相互依存、相互制约的关系，语言不能脱离客观的社会生活而成为纯粹的心理现象。一方面，从语言的产生及发展来看，语言依赖于社会，不同的社会集团的环境使语言呈现出不同的情况和特点；另一方面，社会的存在和发展也受到语言的制约，没有语言作为彼此了解的交流思想的交际工具，两个人之间也就不能协调劳动。正是由于语言和社会的这种相互依存相互制约的关系，使得我们可以把语言看成客观事物的标志，通过语言去认识客观世界的情况。高先生对语言和社会的互动关系的认识，可以说是社会语言学建立的理论先导。

我们认为，高先生的视野更为开阔，观点更让人信服。那么，我们该如何看待索绪尔的“语言不是事物和名称的连接，语言不可以成为分类命名集”的观点呢？语言是事物和名称的连接一直以来就是传统的，几乎可以说是大家心目中常识性的观念，索绪尔却对此高度警惕，十分忌惮去承认这一点，是否有其道理呢？

如果说认为事物和名称之间是一种直接的对接，没有第三者的存在，那么确实很容易把事物看成是决定者，名称是被决定者，名称是事物的简单的、忠实的反映，这样一来，就会导致索绪尔所说的三个局面的产生：一是事物或者说因事物而形成的概念先于名称而存在；二是看不到名称的心理属性，三是名称和事物之间的关联是简单的，名称是事物在语言层面的直接投射。这三点在索绪尔看来是不正确的，事实上，这三点也确实是有问题的。概念不能脱离语言而单独存在，没有语言，概念不能自我形成；名称有其心理属性的一面，将名称看成事物的记录则难以发现名称的这一重要属性；名称不是被动的受制于事物，如果这样，全世界的语言应该基本一致，所以说名称和事物之间的联系不是简单的作业。索绪尔深刻地看到了将语言视为事物与名称之间的连接所导致的后果，因此他刻意地抽离了语言的客观属性，认为语言是心理现象，是音响形象与概念的结合，而不是事物与名称的连接。

索绪尔的担忧不能不说是有道理的，甚至可以说是大大领先于同时代语言学家的。但问题的关键在于，索绪尔没有看到在事物和名称之间其实还存在着一个中间层，即思维层。索绪尔一直认为语言和思维是一体的，不可剥离的，这一认识虽然有很大的进步意义，但却是有局限的。正如高名凯先生所说，语言和思维是统一的，离开了一方另一方都不能独立存在，但同时两者也是不同的，不可混合在一起。

有了“事物——思维——名称”这一三维层级观念，上述在索绪尔看来棘手的问题就可以得到化解。这三者之间的关系是：事物先于思维及名称而存在，思维对事物做出直接的反映，因思维的全民性特征，各个民族对世界有大体相仿的认识。在思维反映客观世界的过程中，名称参与到思维的形成过程中，因名称具有民族性，名称与思维具有不对应关系，各个民族的名称呈现出一定的民族特点及差异。可见，名称的形成既受制于客观因素，也受制于人的心理因素，同时，名称经过思维而与客观事物发生的关联绝不是简单的作业。正如高先生所说“语言之所以能够作为客观事物的标志，因为它把反映客观事物、受客观事物所决定的思维的成果巩固或表现在语言里，成为它的意义部分。换言之，它是通过思维之反映客观事物而间接地成为了客观事物的能指的”。这样，索绪尔担心的三个后果均不复存在。

所以说，将名称看成是客观事物的标志，或者说将语言看成是事物和名称的连接是没有问题的，关键是明晰事物和名称中间还有个思维层。高名凯先生的观点相对于索绪尔来说无疑又向前迈了一步。

关于第三点，高先生和索绪尔均将语言看成能指和所指的结合。不同的是，索绪尔认为语言的能指是音响形象，语言的所指是概念，高先生则认为能指是语音，所指是语义。

高先生之所以对索绪尔语言符号的能指和所指的内涵做出这样的修订和发展，也是基于他一贯的唯物主义立场，他认为语言以具有物质外壳的存在物的方式存在于人们口里说出的言语之中，音响形象只是人们学习客观存在着的语言时反映在人们精神里的听觉印迹，音响形象不能脱离现实的声音而独立作为语言的能指。同时，意义与概念虽然有一定的联系，但也有明显的区别，最基本的区别是，意义属于语言范畴，受到语音的制约，概念则属于思维范畴，不受语音制约。“语言符号的能指是语音，所指是意义”这一基本观点已被当代语言学普遍接受。

综观以上高名凯先生对语言符号性质做出的不同于索绪尔的判断，可以发现，关键性的区别在于高先生对语言物质性的强调和对思维与语言关系的深入认识，这和索绪尔对语言心理性的倚重和对思维与语言关系的浅尝辄止形成较为鲜明的对比。高先生之所以能形成自己明确的立场和独到的思想，与其深厚的哲学功底及取百家之长是分不开的。

高名凯先生因将语言视为多面符号：语言既是抽象思维的符号，又是客观事物的符号，语言中的各个成分又是以语言形式为符号的音义结合体。他就能从不同的角度去理解语言符号的任意性及社会性，很好地发展了索绪尔的语言符号观。

如果我们把语言看成抽象思维的符号，那么语言符号的特点在于它的相对任意性。语言成分中的主要的意义部分事实上就是思维中的概念在语言成分中的表现形式，它要受到概念的制约，因此，作为符号中的组成成分之一的意义和它的所指概念之间的关系不是任意的。然而，由于在语言的这种符号关系中不但有意义部分，还有声音部分，并且这后者以其具有物质性更为重要，它和概念之间的关系则是任意的。因此，我们认为语言的这种符号关系只具有相对的任意性。语言符号的这种关系也同样表现了语言的社会性。意义所以不同于概念，就因为意义是社会成员在社会交际条件下把概念表现在语言里的情形，意义事实上也是通过特殊的社会条件而形成的。语言的这种符号关系中的声音部分具有社会性，它的意义部分也具有社会性，而声音方面和意义方面的结合又取决于社会条件，这整个的音义结合物的语言成分就是社会现象了。如果我们把语言理解为客观事物的符号，那么，在语言和客观事物的符号关系之中，同样也表现了语言符号的相对任意性和它的社会性。

正如石安石所说，高名凯先生对语言符号的任意性问题，作出了迄今为止最好的解释。索绪尔一方面很重视语言的社会性，社会性是他将语言和言语区别开来的重要特征，社会性被索绪尔定义为“社会集团所采用的一整套必不可少的规约”，即“社会规约性”。另一方面，索绪尔深刻地指出语言的根本特性是任意性。这都是他对现代语言学做出的巨大贡献，但由于索绪尔单一地看待语言符号的性质，将语言限制在音响形象和概念的结合上，他对语言符号的任意性及社会性的认识也就相对单一。

第三节　王希杰

王希杰先生是方光焘先生的弟子，传承了方先生改造过了的索绪尔的语言观。对索绪尔学说的核心语言观都给予了极大的肯定，并将索绪尔的二元区分视为方法论原则。不过，王先生批评索绪尔对语言本质的认识有局限，认为语言具有非系统性、动态平衡性和文化性的一面，并对语言任意性持怀疑态度。王希杰先生尤为看重语言和言语的二分原则，在继承这一方法论原则的基础上构建了“三一”理论。

一、王希杰简介

王希杰(1940—现今)，江苏淮安人。中国当代著名语言学家，南京大学教授，博士生导师。研究涉及语法、词汇、修辞、理论等多个领域，在修辞学领域成就突出。1963年毕业于南京大学中文系语言学专业，毕业后留校任教。师从方光焘先生，接受了经方光焘改造和发展的索绪尔学说，在此基础上建构了人称“三一”理论的修辞学新碑。1980年与吴士文等创建中国修辞学会，为第一任秘书长。退休后被聘至北方民族大学任语言文学研究所所长。

王希杰在南京大学就读期间就对语言学产生了浓厚的兴趣并开始涉足于语言学的研究和论著的写作。大一那年便在《中国语文》连续发表了《列举和分承》《鲁迅作品中的一种修辞手法——反复》两篇文章，是《中国语文》创刊以来发表文章年龄最小的作者。大学毕业论文是方光焘先生指导的，毕业后留校。头几年在方光焘担任主任的语法理论研究室做实习研究员，师从方先生学习语言学理论，专攻索绪尔、叶尔姆斯列夫和美国描写语言学，汲取了结构主义语言学的精髓，传承了方光焘改造过了的索绪尔的语言观。

70年代，因教学需要，王希杰走进修辞学。相继推出了《汉语修辞学》(1983)、《修辞学新论》(1993)、《修辞学通论》(1996)、《修辞学导论》(2000)、《汉语修辞论》(2006)等修辞学专著，为汉语修辞学的发展做出了巨大贡献。《汉语修辞学》一书是80年代中国修辞学的代表性著作，是我国修辞学从传统的原子主义式的辞格研究走向系统的结构描写的一次尝试，建立了修辞学全新的体系。《汉语修辞学》的核心是：结构和关系。重要的不是实体本身，重要的是实体之间的关系，实体在其所隶属的整体之中的位置。这正是索绪尔的理论精髓。《汉语修辞学》的价值至今仍被广泛认可，甚至在新加坡、香港等地也产生了积极影响。基于此，商务印书馆2004年出版了该书的修订本。《修辞学通论》则集中呈现了王希杰日益成熟的“三一”理论，“三一”理论是王希杰构建的修辞理论体系的核心内容的概括，被视为修辞学新的里程碑。这一理论的提出受到了索绪尔学说的深刻影响，也是对索绪尔学说的发展。

二、王希杰对索绪尔学说的肯定

(一)核心语言观

王希杰(2004)在《把握真实的索绪尔，重视他的学术生命力》一文中指出，索绪尔研究的重心不应是繁琐的考证，而是把握索绪尔学说的核心。其核心语言观是：

(1)语言是一个任意性的符号系统。对语言来说，最重要的是三个概念：A. 任意性，B. 符号性，C. 系统性。

(2)语言世界中，最重要的是形式，是关系，不是实体。

(3)语言符号和其他符号可以共同构成一门学问——符号学。

王希杰对索绪尔的核心语言观给予了极大的肯定，他说：“索绪尔在《普通语言学教程》中强调了语言是一个具有任意性的音义结合的符号系统，并把语言学归入广义的符号学之中。这一新的语言观成了布拉格学派、哥本哈根学派、美国描写语言学派三大结构主义语言学流派的理论基础和基本出发点，开创了现代语言学，也使得索绪尔本人成了现代语言学的奠基人。"

（二）二分对立

《把握真实的索绪尔，重视他的学术生命力》一文指出，为了把握语言学的真正对象，索绪尔提出了一系列的方法论原则：

语言——言语
历时——共时
组合——聚合
能指——所指

正是通过这一系列的二元对立的概念的区分，索绪尔引导我们一步步地逼近真正的语言世界。在这些二元对立中，王希杰尤为看重语言和言语的二元对立。王希杰(2005)在《语言和言语问题的对话》一文中提出，其他二元对立都是语言和言语区分的派生观念。理由是：区分语言和言语，就把语言同非语言区别开来，抓住了语言本身，同传统语文学划清了界限；区分语言和言语，就把历时和共时区别开来，抓住了符号系统的语言，也同历史比较语言学隔断了关联。由此索绪尔才能成为现代语言学的奠基人。语言和言语的区别被王希杰视为语言学乃至现代人文科学的方法论原则，并认为该原则应贯彻在语言研究的一切领域。

60年代，王希杰参与了语言和言语问题的大讨论，主要论作是1964年发表在《南京大学学报》第1期上的《略论语言和言语及其相互关系》，该文认为索绪尔的伟大贡献之一是严格区分语言与言语。自那以后，王希杰一直坚持语言和言语的理论区分，并将之积极地运用到语言研究的各个方面，发表了一系列相关文章。主要有：

《语言的美和美的言语》(1983)；

《语言的语法分析和言语的语法分析》(1983)；

《语言的词汇和言语的词汇》(1993)；

《抽象的词和句与具体的词和句》(1993)；

《语言和言语问题值得进一步研究》(1994)；

《语言的纯洁性和言语的纯洁性》(2002)；

《语言和言语问题的对话》(2005)

这些论著体现了王希杰对语言和言语问题的持续关注，他认为作为语言学方法论原则的语言和语言的区分不会过时，是21世纪语言学繁荣的一个基本方法论原则。

三、王希杰对索绪尔学说的批评

(一)对语言本质的认识有局限

王希杰长期以来受方光焘先生改造过的索绪尔理论的影响，认为语言是一个音义结合的符号系统。80年代以后，语言观不断发展变化，认为语言不仅仅只是一个符号系统。他指出，索绪尔的语言本质观把语言看成静态的、封闭的、确定的符号系统，这在推动现代语言学科学化、精密化方面有积极意义，然其消极一面不容忽视。

王希杰(1994)对语言本质进行了重新认识，在《深化对语言的认识，促进语言科学的发展》的中这样定义语言："语言是作为人类最重要的思维工具、交际工具、文化载体的，一种复杂的开放的，具有自我调节功能和非系统特征的，具有缺漏性和交际不自足性的，处在不断地从无序向有序运动过程之中的，动态平衡的多层次的音义结合的符号系统。"

这一语言本质观和索绪尔的主要差异有如下几个方面：

(1)语言不是完全绝对任意的

王希杰在这个综合性的定义中没有给"任意性"以基础性的地位，这和索绪尔将语言符号的任意性视为语言第一原则差异不小。王希杰(1994)在《语言本质的再认识》一文中说："语言符号似乎也并不是完全绝对任意的，似乎在语言符号和客观世界之中也具有某种联系的。90年代李葆嘉先生在《论索绪尔符号任意性原则的失误和复归》对索绪尔的符号任意性原则提出了三点质疑，也是对语言本质的再认识，重建新语言观的一个有益的探索。在我们看来，语言符号系统同客观的物理世界(包括精神世界心理世界)之间，并不是绝对完全的任意的，一方面它受物理世界的大系统的制约，受人类认识能力的制约，受人类发音能力和极限的制约，人类只能由人类的生理机制能够发出来的声音来制作语言符号，用什么样的音响材料，同什么样的概念或语义内容相结合，这受到多种制约，不可能是绝对任意的；另一方面，语言符号并不直接同客观物理世界接轨，它们是通过人类的文化世界而相互联系的。换句话说，有什么样的文化，便有什么样的语言符号系统。音响同概念(语义内容)的组合也不是绝对完全任意、偶然的，而是一定的民族文化选择的结果。我们之所以看到任意性，是因为在若干万年之前，人类语言诞生、形成、发展过程中文化中介的轨迹逐步被时间磨灭的结果。”

(2)语言具有非系统特征

王希杰在《修辞学新论》中认为，语言是一个系统，但同时又具有非系统特征，非系统性由以下几个因素导致：其一，语言产生的机制。语言是逐步而非一次性产生的，这就必然导致语言带有非系统性特征。其二，语言的动态开放性。对于语言来说历时态、动态是绝对的，共时态、静态则是相对的有条件的。从本质上说语言是一个动态平衡的音义结合的符号系统，这决定了语言永远具有非系统性。其三，人类社会自身的非系统性。语言是社会的镜像，社会的发展必然会以不同的形式并程度不同地反映在语言系统上。人类社会在制度文化层、物态文化层、行为文化层、心态文化层等不同层面上都不是一个自足的系统，都存在着非系统性。其四，交际活动的复杂多变性。语言是交际工具，而交际活动是复杂的、多变性，这就会加深扩大语言系统的非系统性。

(3)语言具有开放性和动态平衡性

王希杰的这一认识和索绪尔将语言看成封闭的、静态的系统相区别，他认为，语言世界中语言材料的有限性与物理世界、文化世界、心理世界的无限性之间不断的矛盾冲突，是语言永远维持开放的动态平衡性的巨大动力。这种开放的动态平衡性首先表现在语言的潜显二元性特征上。

(4)语言是文化的载体

王希杰将语言是文化载体这一点视为语言的本质属性，和索绪尔将语言的文化性归入外部语言学截然不同。王希杰(1996：67)在《修辞学通论》(中谈到“语言是信息的载体，语言本身就是信息，这种信息就是民族文化的积淀。”王希杰(1993：17)还在《修辞学新论》中谈道：“语言的运用就只能在文化背景之中进行，语言材料只有同文化背景协调一致才能达到好的表达效果”，“既然语言是文化载体，那么研究语言和文化的共变关系乃是语言学的重要内容之一，而联系民族文化来研究民族语言乃是语言研究中一条重要的方法论原则。”

(二)忽视对立项之间的联系和转化

王希杰肯定索绪尔对二元对立项的(语言和言语、能记和所记、组合和类聚、共时和历时)区分，但在《把握真实的索绪尔，重视他的学术生命力》一文中批评他忽视了对立项的联系和转化。在王希杰看来，对立项之间的区别并不是绝对的，其间存在着过渡地带，客观世界本是一个混沌体，并不是绝对界限分明的。例如历时和共时，事实上，绝对的共时——“零时态”——是现实中所根本不存在的，只存在于思维中。任何共时态都有历时因素。历时中也有共时性，语言演变有个别要素的演变和系统的演变两种，而且两种是密切相关的，相互作用的。因此，忽视或排斥历时因素，是不利于共时研究的。

四、王希杰对索绪尔学说的发展——三一理论

何谓“三一”理论？“三一”指的是三组概念的统一，三组概念分别是：四个世界(语言世界、物理世界、文化世界、心理世界)；零度和偏离；显性和隐性。王希杰(《三一语言学导论》王希杰序)用非常简单的比喻对这三组概念进行了说明：

在电梯里，对陌生人，是零度脸孔。走出电梯，看到一个讨厌鬼，负偏离脸色。知心人来了，正偏离笑脸相对。但是，因为那个

讨厌鬼手握大权，今天有求于他，负偏离脸色转化为正偏离了。知心人变心了，露出狐狸尾巴了，正偏离满面春风就转化为狂风暴雨了。

你我在相遇之前，彼此对于对方都是一个潜性的角色。我们相遇了，这是潜性角色的显性化。当我们闹翻了，再不往来的时候，就是显性关系的潜性化。当我们一同散步，在茶吧品茗的时候，彼此是显性的。当我们天各一方之际，就是潜性。

一块石头——物理世界的存在。雕刻成一个艺术品，是一种社会文化事件——六朝文物，南京城的象征，多少钱？它的名字叫做“避邪”——语言问题。它安定我的心，给我丰富的联想——心理世界的事情。

有人认为“一”是指得体性原则，王希杰否定了此说，“在我的理念中，得体性原则是与同义手段和语言环境属于同一个层次的。同义手段本身没有选择的问题，只有在特定的语言环境中才有选择问题。选择必须有一个指导方针，那就是得体性原则。换句话说，所谓修辞活动，其实就是：在特定的语言环境中，在得体性原则的指导下，对同义手段进行选择。”

王希杰(2006)在他与孟建安合著的文章《关于得体性原则相关问题的讨论》中说到，修辞学的基本概念不止零度和偏离、显性和潜性、四个世界，这三组概念不是绝对真理，一切皆变，学术是发展的。那么保险起见，也可以把“三”理解为多，那么“三一”理论就是多种基本概念的统一。

这三组概念最初是就修辞学而言的，现因强大的理论解释力和覆盖力而具有了普遍的认识论意义，王希杰本人也是将之作为方法论原则的。我们认为，“三一”理论是王希杰对索绪尔学说的重要发展，是在语言言语区分基础上所做的开拓。

(一)四个世界

王希杰着眼交际场所，立足修辞学阵地，提出“四个世界”(语言世界、物理世界、文化世界、心理世界)的理论。

四个世界是观察修辞现象的四个重要视角，也是阐释修辞现象的理想框架。四个世界不是平行存在的，语言世界最为重要，其他三个世界是认识和把握语言世界的参照体。王希杰(2006：13)把四个世界划分为三个层次：第一层是语言世界和非语言世界的区分；第二层是非语言世界中的物理世界和非物理世界区分；第三层是非物理世界中的文化世界和心理世界区分。

四个世界两两对立，实质就是对索绪尔二元对立方法论的继承。另外，王希杰将语言世界置于第一层，可以视为对索绪尔强调"语言"为语言学研究的真正的唯一的对象的回应。不过，王希杰的"语言世界"是索绪尔的"语言"和"言语"之和。

在区分四个世界的同时，王希杰全面阐述了语言世界和非语言世界的种种关系，把索绪尔静态的系统的语言改造成鲜活的网络结构语言，为人们有效地使用语言、研究语言开辟了新路。

(二)零度和偏离

零度可理解为一个标准，任何异于这个标准的形式都是对这个标准的偏离。王希杰的零度和偏离理论是在严格区分语言和言语的基础上衍生出来的。王希杰(1996：190)在《修辞学通论》中说："如果语言中的一切是零度形式，那么言语中的一切就是偏离形式。言语表达中的任何一种说法和写法，都是对语言系统中的规律和规则的某种程度上的偏离。""在这个意义上，修辞学所研究的是从语言到言语的过程中所出现的种种偏离的原因、条件、方式、类型和途径。"

王希杰把零度分为理论零度与操作零度。所谓理论零度，可以称为绝对零度，从哲学上讲，就是一般和个别中的一般，具有高度抽象的品格，看不见也摸不着。在语言世界里，理论上的零度就是语言系统中的规律，即音位系统、语义系统、语法系统等。所谓操作零度，就是最一般的常见的规范形式，中性的不带任何修辞色彩的形式。它看得见也摸得着，便于研究者和学习者把握和操作，它是相对稳定的，是整个语言社会公认的。

与零度相对的就是偏离，偏离可分为理论偏离和操作偏离、正偏离和负偏离。理论偏离是指与理论零度相对应的偏离形式，在交际活动中虽然存在绝对的零度，但实际上一切言语作品都是个人的、具体的，都是对理论零度的偏离。操作偏离同操作零度相对立，是规范形式的对立物。凡能使信息增值，提高表达效果的一切都属于正偏离；反之，一切使信息损耗削弱表达效果的东西都是负偏离。

零度和偏离的对立，以及正负偏离的对立，不是固定不变的，它在“四个世界”中和交际活动中可以互相转化，偏离可以成为零度，病句也可以变成艺术佳句。因此，王希杰(1996：209)说：“从本质上看，修辞学就是研究在交际活动中四个世界中的零度和正偏离和负偏离之间转化关系模式的，修辞学归根到底是一门转化之学。”

零度和偏离在日常生活中是很常见的，每个人心中都有一个零度。譬如你有一个未曾谋面的网友，她只跟你形容过她的长相是丹凤眼、柳叶眉、瓜子脸大长腿等。那么你头脑中就会模拟一个关于她的大致形象。当你们见面的时候，你发现她长相和你想象出来的不一样。你想象中的网友是零度，她真实长相就是对你的想象的偏离。实际上，王希杰(2005)也正是在平常的生活中发现了这种生活现象。他把一种生活现象上升到理论的高度，变成语言学研究的方法论。

(三)潜性和显性

王希杰(1996：219)提出，语言可以分为显与潜两个不同的层次。客观地显现在人们面前的语言是显语言，历史上出现过但现在已经消失了的语言成分和那些即将出现的语言成分便是潜语言。语言的完整概念是：语言=显语言+潜语言。

一切语言现象有显必有潜，显性事实只是冰山一角。王希杰(1993：8)在《修辞学新论》对此作了说明：“语言世界的一切经验事实仅仅是语言世界一个常见的显示在我们面前的部分，语言还存在着潜在的可能部分：潜音位、潜音节、潜语素、潜词、潜义、潜短语、潜句、潜语法形式、潜语法意义、潜修辞格、潜修辞方法……而且数量之大是人们无法想象的，比显现的部分重要得多。

它随时准备破门而出，由潜而显——显化，关键在于社会文化语用条件。”王希杰(1996：219)又在《修辞学通论》中进一步指明：“以往的语言研究只是将显语言作为研究对象，现代语言学应当扩大自己的视野，把潜语言也包含在自己的研究对象之中。现代修辞学也应当走这条路。”

语言的潜显在语言各个子系统中均有体现。试看：

现代汉语	显	潜
语音	平上去声	古代汉语的入声
词汇	鱼苗、猪苗	骡苗、驴苗
语法	量词	尚未变为量词的名词、动词、形容词

王希杰在发掘语言潜显现象及理论方面撰写了一系列文章，如《潜义与修辞》《潜词和修辞》《论潜量词的显性化》《论潜词和潜义》《论潜语法现象》《论显句和潜句》，等等。

潜显理论是王希杰对索绪尔语言言语二分观的发展。索绪尔将语言理解为“言语实践存放在某一社会集团全体成员中的宝库，一个潜存在每一个人的脑子里，或者说得更确切一些，潜存在一群人的脑子里的语法体系”。据此，王希杰(1994)在《语言本质的再认识》提炼出语言是潜性的、言语是显性的观点。并认为语言的本质就在于语言世界中的显性和潜性的依存、联系、对立和转化的运动，对潜性显性化和显性潜性化的过程、方式、原因、条件、类型等揭秘便是语言学的对象，语言学的任务。语言潜显概念的提出，对语言研究和语言运用都有重要的理论价值和实践指导意义。扩展了语言和语言研究的范围，引起了语言观的变化与调整，加深了对语言本质的认识。

第四章　索绪尔学说在中国的接受——理论篇

由于索绪尔对后世产生重大影响的学术思想主要体现在三个方面：其一，明确共时语言学为语言学的研究对象；其二，构建了系统理论，规定了共时语言学的研究任务——确定语言单位及描写系统内单位间的关系；其三，提出语言符号观，强调语言符号的任意性原则。理论篇就拟从这三个方面来考察中国学者对索绪尔学说的接受情况。

第一节　研究对象

索绪尔在区分语言和言语、共时和历时之后，选定共时语言为语言研究的真正的对象，为现代语言学指明了研究方向。中国学者对索绪尔的这一思想赞赏有加，自20世纪五六十年代便展开了语言与言语问题的大讨论，之后不断有学者研讨相关问题。学界的主流意见是赞同索绪尔对语言和言语的区分，认为语言和言语是工具和工具运用的关系，主张在推进"语言的语言学"建设的同时，积极建立"言语的言语学"。中国学者对索绪尔的语言共时和历时理论也十分关注，至20世纪90年代逐步形成了大体一致的看法，赞成索绪尔对语言共时态和历时态的区分，但反对索绪尔将两者之间的对立关系绝对化。

一、语言和言语

(一)区分语言和言语

索绪尔认为要明确语言的研究对象，就必须把言语活动(langage)区分为语言(langue)和言语(parole)两种东西，语言是同质的，言语是异质的，语言是语言学的研究对象。

从今天的语言学研究来看，汉语语言学界承认和肯定了索绪尔对语言和言语的区分，因为这一区分确定了语言研究的对象，指明了语言研究的方向，既对19世纪的历时比较语言学所带来的褊狭进行了有力的反驳，又为语言学成为一门现代意义上的学科奠定了理论基础。张绍麒(1992)说，索绪尔把言语活动区分为语言和言语的观点帮助人们从极其复杂的语言现象中抓住了语言的结构系统，在语言研究中，无疑是一个伟大的历史功绩。聂志平(2002)认为，言语和语言的区分，是索绪尔以任意性为基石建立起语言符号学的必然结果；它将语言作为社会的交际工具与个人对这种工具的使用区分开来，构成了现代语言学的两个基本概念。王希杰(2008)将语言和言语的区分视为现代语言学的方法论原则。

不过，也有学者指出索绪尔这一区分中存在问题。杨信彰(1996)认为，语言和言语这一区分强调了语言形式的研究，忽视了语言的使用，大大影响了许多语言学家的研究方向。

聂志平(2002)则认为批评索绪尔重视语言忽视言语是一种求全责备。索绪尔确定了语言的性质，划分不同的研究范围，以他自己对语言和语言学(内部的、语言的)的理解，为现代语言学奠定了理论基础，这种贡献是无人可比的。索绪尔强调语言本身的研究，但并不主张不研究言语，他曾答应学生将来开设“言语语言学”，遗憾的是他过早离开人世，没来得及兑现承诺。

(二)言语学的建立

索绪尔在区分了语言和言语之后，提出了“语言的语言学”和“言语的语言学”两个概念。由于两者不可能同时研究，索绪尔首先选择的是“语言的语言学”。这一导向性的选择使“语言的语言学”成为整个20世纪语言研究的重点，而“言语的语言学”则几乎被人淡忘。这其实是有违索绪尔初衷的，也是不合理的。中国学者意识到，“语言的语言学”研究只是语言研究中的一部分，在继续深入研究“语言的语言学”的同时，应尽早开垦“言语的语言学”这一新的研究领地。2002年，武汉大学召开了“言语与言语学国际学术研讨会”，一个中心议题便是是否应该建立言语学以及如何建立言语学。

1. 言语学是否应该建立

岑运强(1996)呼吁广大学者尽早开垦索绪尔指出的另一块语言学领地——言语的语言学。2000年撰文指出，言语的语言学是研究不同人在不同语境里运用语言系统工具的过程和结果的语言学。中国学者一般将言语的语言学(言语学)理解为关于“语言运用”的学科。2002年“言语与言语学国际学术研讨会”的与会学者在是否应该建立言语学的问题上意见基本一致，认为言语学应该建立，提出了如下一些理由：

(1)建立言语学可促进对言语运用的研究

陆俭明先生(2005)持这一看法，他说，以往我们对汉语从语言本体的角度研究得多，即大多是把汉语作为一个抽象的音义结合的符号系统加以研究的，当今世界的发展，一方面要求我们继续加强对汉语本体的研究，另一方面更迫切需要我们加强对汉语言语运用的研究。陆先生同时指出，我们也可以不用言语学这个提法，而就用目前都说的功能语言学等说法。但用言语学这个名称有这样的好处——可以更好地唤起语言学工作者来注意研究人的言语行为、言语活动，研究人的言语行为、言语活动中的种种现象，研究特定的言语行为、言语活动在交际中的作用，等等。

(2)建立言语学是言语作为个性化存在的必然结果

冯学锋(2005)认为，言语，或者作为言语活动的一部分，或者是看成语言运用，都不能否认它是作为一种相对独立的现象而存在的。这种言语现象，无论与包括语言在内的其他事物或现象存在什么样的关系，都不能否认它自身的规律性。这是言语学可以存在的客观基础。倡导建立言语学，并非标新立异，而是为了凸显言语活动的其他属性，让语言和言语分别作为言语活动不同属性的标识，使语言研究更加科学化，更能显示出它的理论价值和实践意义。

(3)建立言语学有助于推进语言学的发展

赵世举(2005)认为，建立言语学，不仅对于解决言语活动中的具体问题具有重要而实在的意义，而且对于语言学的发展也具有重要的作用。因为言语研究是语言研究的基础，只有把言语中的问题理清了，才能对语言系统有更全面更深入的认识和准确的把握。

也有个别学者持反对态度。刘大为(2003)认为语言运用的研究不可忽视，但未必要用言语学这一术语，言语学的产生缺乏可能性。根据索绪尔对语言和言语的论述，两者之间存在着加合关系和体现关系两种关系，这两种关系是相互矛盾的，是“索绪尔矛盾”。从加合关系看，言语是言语活动抽去语言后剩下的残余，这些支离破碎的残余无法得出对语言学有意义的规律从而建立起一门学科。从体现关系看，言语是未经科学研究对之分析处理的表层现象，而科学研究就是在其中发现与语言学相关的共性现象并将其抽取出来。可是按照索绪尔的理论，一旦抽取出来它就已经不再属于言语而跻身于语言了。这样，言语自身必定是无规律的，因为当我们从言语中发现并抽取出某条规律的一刹那，这条规律已经完成了从言语到语言的跨越。归根结底“语言的语言学”与“言语的语言学”这两门学科的区分，违反了科学的研究对象中操作对象和目标对象的划分原则。依靠操作对象不可能形成一门学科。无论在语言学领域进行什么研究都必须从言语入手，在这一意义上任何语言研究都应该是言语研究。

从刘大为的论述中，我们不难发现，廓清语言和语言之间的关系对正确认识和评价言语学的建立具有重要意义。我们将在后文梳理总结中国学者对言语的内涵及其与语言之间关系的认识。

2. 言语学如何建立

不少学者就如何建立言语学提出了自己的设想，阐述了自己的理论框架。郭婷婷、游舒(2003)根据学者们建立言语学的不同切入点，将他们的观点分为外延视角、内涵视角和方法理论视角三类。

潘攀、张延成等从言语学的内涵入手提出建立言语学的方案。潘攀从行为科学的角度切入，认为言语学以言语意图、言语行为、言语效果为纲，其任务主要是概括言语行为各环节的一般规律、建立起若干行为模式，为人们实施言语行为提供一套普通遵循的原则和规则，以提高言语行为的效果，协调好人际关系。张延成认为言语学应该是一门理论的学科，而不是纯实验和技术性的学科，建立言语学可从信号学方向切入。言语学应紧密联系与之最密切的语言系统及项目进行研究，并体现出五个充分性：交际的充分性、心理的充分性、类型的充分性、技术的充分性以及社会文化的充分性。

范晓、李如龙、李宇明等从言语学的外延切入，构建言语学的学科体系。范晓主张把“言语学”定义为言语学科的总名称，其分支学科除了以言语的工具为对象的语言学，还有以言语艺术为对象的修辞学、以言语风格和文风为对象的言风学，以言语技法为对象的演讲学和文章学，此外还有言语生理学、言语心理学等。李如龙主张言语学的学科体系可先分为口语言语学和书面言语学。口语言语学的下位内容有日常谈话、演讲及辩论、公关言语等；书面言语学的下位有政论言语、文艺言语、法律言语、广告言语等。李宇明认为研究言语，研究语言的应用问题，就会形成不同的“领域语言学”，如语言教育学、新闻语言学、广告语言学、计算语言学等。“领域语言学”既是应用语言学的组成部分，也是言语科学的重要研究内容，它研究的是语言的不同领域的功能，研究的是语言的领域变体，具有多学科交叉的性质。

萧国政、杨岚、钱冠连等则从研究思路和研究方法的角度切入。萧国政认为言语学是言语活动的理论和科学，语言学是这门学科的重要组成部分。21 世纪的语言研究，要注重从语言的心理形态向语言的物理形态回归，从形式到实体回归，从理论到应用回归。杨岚结合汉语语言和汉语文学的特点，探讨言语语言学与文学批评的关系，认为从文学批评的角度来研究言语语言学，将会大有作为，前景广阔，为言语学研究提供了新的视角。钱冠连是从区分语言资源的语言学(诸如音位学、词法、句法)与语言使用的语言学这一理论源头出发，认为言语学的性质必然是语言使用的语言学(并未直接利用语言资源，而是利用了语言的使用)内的一个分支，言语学的可能分支有语用学、言语交际学等，研究方法有归纳法、演绎法、证伪法。

虽然学者们纷纷倡议建立言语学，并积极描绘言语学的发展蓝图，但现实情况是，时至今日，言语学并未在汉语语言学界建立起来。这是什么原因所致？中国学者对言语及其和语言的关系究竟持怎样的观点？

(三)言语的含义及其和语言的关系

1. 言语的含义

中国学者对索绪尔的"语言"概念没有什么认识分歧，一般都理解为语言是能指和所指相结合的一套符号系统。而对"言语"的含义，则有过一番讨论，探讨言语是"说话"还是"说话+说的话"，争议的产生与索绪尔自身对言语缺乏直接的界定有较大关系。

范晓(1994、2005)认为言语是指说话，所说的话不能算言语，应叫话语。话语是形式和内容的结合体，话语的形式部分主要是具语，还包含有言语的技巧、修辞、风格以及言语行为的其他个人特点，话语的内容就是思想，涉及人类社会生活的各个方面，是各门学科研究的对象。范先生增设术语"话语"的理由有二：其一，若用言语来反映"说话"和"说的话"，会模糊言语和话语的差异，犹如把"生产"和"产品"合为"生产"一样不合事理。其二，会产生术语运用上的混乱，违反科学术语单一性的原则。其实，范先生将语言三分为语言、言语、话语，根本的出发点是不赞成把"言语作品的表达形式"看成"言语"，他认为"言语作品的表达形式"和"语言"是内在统一的，两者是个别和一般的关系，个别一定与一般相联系而存在，一般只能在个别中存在，基于这样的认识，他把"言语作品的表达形式"从"言语"中剥离出来，安放到"话语"中去，再直接归属于"语言"。换言之，范先生认为存在"个别与一般"关系的实体是同一实体，不仅在术语上不该区分，在语言研究的实践中也不该一分为二。故而范先生明确反对“语法分析二分论”，这一思想是王希杰(1984)提出来的，即主张语法分析分为“语言的语法分析”和“言语的语法分析”。范先生认为这样一来，就必然会推导出“语言的句子”和“言语的句子”，甚至会推导出“语言的短语”和“言语的短语”“语言的词”和“言语的词”，也就意味着有两种语法：一种是“语言的语法”，另一种是“言语的语法”。这就把语法研究搞玄了。语言学中的语法学只有一种，就是语言的语法。

岑运强(1994)同年撰文反对范先生的看法。他认为矛盾的斗争是事物存在和发展的最基本的斗争，矛盾的任何一方都不一定是单义的。正如生产力和生产关系这一对矛盾，生产力包括人和生产工具两个内容，我们难道能说这是造成混乱、违反单义性原则吗？岑先生认为两分有三点好处：其一，比较符合索绪尔的原意；其二，比较符合“一般词语”的两个义项，即人们早已习惯这么运用；其三，比较有利于言语的语言学的开拓。同时，应该把语言和言语的关系看作是工具与工具的运用的关系，人们用有限的系统工具去说，并说出无限多的话。语言系统可以独立存在，它是超越个人为整个社会服务的工具，不依赖于个别人的言语。并进一步认为语言和言语既然是“建立言语活动理论时遇到的第一条分叉路口”，那么区分语言的声音和言语的声音、语言的词汇和言语的词汇、语言的语法和言语的语法是合理的。当然也同意范先生说的，不必把语法搞得太玄了。

经过范先生和岑先生的这一番争鸣，汉语学界对言语的认识更为清晰和深入，现在一般把言语视为“说话”和“说的话”之和。

2. 语言与言语的关系

语言和言语是一种怎样的关系？索绪尔认为，语言和言语一方面相互联系，“语言既是言语的工具，又是言语的产物”；一方面又相互区别，语言是社会的、主要的、确定的、心理的，而言语是个人的、从属的、不确定的、心理和物理的。语言和言语之和构成言语活动。索绪尔更加强调两者之间的区别，因而反对将两者联合起来进行研究，并区分出"语言的语言学"和"言语的语言学"。

关于语言和言语的联系，中国学者接受了索绪尔的看法，没有异议。而关于语言和言语的区别，中国学者认为最主要的是把握两点：其一，语言是同质的，言语是异质的；其二，语言是静态的，言语是动态的。

岑运强(2000)指出，语言系统是社会共有的交际工具，因而是稳固的，具有相对的静止状态；言语是人们运用这个工具进行交际的过程和结果，是自由结合的，具有运动状态。

郑远汉(2005)同样认为，语言是封闭的，言语是开放的。语言是一种封闭性的、相对稳定的符号系统，具有社会性、稳定性和系统性这些基本特征。言语是开放的，同使用语言的人、使用语言的环境、人类的社会生活有具体、实际的联系。

正是因为中国学者看重语言和言语的"静与动"的区别，故而通常将两者之间的关系视为"工具和工具的运用"的关系(邵敬敏、方经民 1991；岑运强 1994、2000；聂志平 2004)而非"一般与个别，抽象与具体"的关系(方光焘 1960；岑麒祥 1961；王希杰 1984)。岑运强(2000)对此有具体的说明，将语言和言语之间的关系视为"一般与个别，抽象与具体"也有一定的道理，但比较起来，工具和工具运用说更加符合动态与静态以及同质与异质的根本区分，也更加符合索绪尔原意。从来源上说，抽象与具体说有一定的说服力，即语言是从言语中抽象出来的；从存在上说，一般与个别说有一定的说服力，即语言存在于言语，犹如一般存在于个别。但是两种说法的最大的缺点是不能反映语言和言语的根本区别是"静与动"的区别以及"同质与异质"的区别。另外，由于语言是一种特殊的工具，所以工具是在运用中产生，工具存在于工具运用中也是可以说得通的。岑运强在与程玉合合著的文章(2004)中进一步补充到，工具与工具运用说包含前两说，因为这里的工具不是一般的工具，是一套规则系统，规则系统是从具体运用中抽象出来的，也是存在于个别运用之中的。正像索绪尔所指出的："语言和言语互相依存；语言既是言语的工具，又是言语的产物。"

不难发现，“个别与一般、抽象与具体”说强调的是语言和言语的联系，“工具与工具运用”说在兼顾两者联系的同时更强调两者之间的区别。中国学者对语言和言语关系的认识无疑很大程度上继承了索绪尔的思想，因此，中国学者几乎一致性地主张建立言语的语言学或者说言语学。

将语言和言语的关系视为“工具和工具的运用”，也可以很好面对刘大为(2003)提出的所谓“索绪尔矛盾”了。刘大为将索绪尔对语言和言语的看法理解为“加合关系”和“体现关系”，故而矛盾呈现。但实际上，体现关系是刘大为对索绪尔的误解。岑运强(2004)在与刘先生商榷一文中谈到，索绪尔不存在言语是语言的“体现”的看法，因为言语是人们运用语言的过程与结果，其间离不开语言这个工具。与不同语境相联系的异质的、动态的言语不可能是同质的、静态的语言的机械体现。语言和言语的关系就是既相互区别又相互联系，你中有我，我中有你，互补存在，这是索绪尔理论的精髓。另外，言语的语言学是个人运用语言工具的学问，所以言语的语言学是既有个人又有社会的，是动态的、异质的，它是复杂的但不可能是残渣。

既然言语学建立的理论基础在中国是具备的，那为什么言语学这一学科迟迟不见诞生呢？我们发现，中国关于言语的研究其实早已生发，而且正在如火如荼地展开。缺少的只是一个言语学的名目，这个名目可通过也已通过另外的方式来实现，该方式就是将“语言学”的名称泛化。

从现实情形看，语言学形成了狭义和广义之别(郑远汉，2005)。狭义的语言学是以语言为对象的学科，也是一般意义上的语言学。近几十年来，语言学界开始重视语言应用及运用方面的研究，它们不以语言系统本身为对象，但使用了语言学之名，如话语语言学、篇章语言学、应用语言学、计算语言学、心理语言学等，这样一来，语言学这个学科术语就泛化了：研究言语或言语有关的问题的学问都是语言学，只是在语言学前面加上便于彼此区别的定语，称之为“××语言学”。语言学对象的泛化倾向，在《中国大百科全书·语言文字卷》的“语言学”条里有了确认，该条说语言是以人类语言为研究对象的学科，它的探索范围包括语言的结构、语言的运用、语言的社会功能和历时发展以及其他与语言有关的问题。撰稿人王宗炎明确指出，本条所说的语言学，把索绪尔的“语言”和“言语”，乔姆斯基的“语言表现”和“语言能力”，都归入研究范围之内。

二、共时和历时

(一)区分共时和历时

索绪尔将语言作为一种共时的表示观念的符号系统，与自身的发展状态区别开来，提出了语言的共时和历时的区分。

索绪尔的这一区分得到了中国学者的普遍支持，他们认为，共时与历时的划分是语言研究方法论上的一次革新，是对理论语言学的一大贡献。如徐思益(1980)指出，为了深入研究语言系统，划定研究范围，限制研究对象，作为一种描写语言系统的有效方法，划分语言的共时性和历时性是完全必要和正确的。索绪尔机智地提出这一划分原则，可以说是对语言研究在方法论上的一次革新。在索绪尔以前，欧洲传统语言学，可以说都是历时语言学。正是索绪尔提出划分语言共时性和历时性原则之后，描写语法学才成为现实。聂志平(1990)的看法更为深刻。他认为，语言共时态和历时态是两种根本不同的现象：一个是关系网络，是系统，另一个是要素在时间上的前后相续，是事件。两种语言学的图景不同，所用的研究方法及研究范围都各不相同，两者有关的概念不可归并。因此，共时和历时的区分在方法论上是正确的。更为重要的是，共时和历时的区分与语言和言语的区分是一个有机整体，共时历时的分立在明确研究对象的基础上，进一步明确了语言及科学的语言学自身。

傅华东(1958)是少有的反对共时和历时两分的学者，他在《中国文法革新论丛》中谈到，语体文和文言文可用同一驾格的文法来处理，绝不会遇到窒碍。语体文和文言文的文法不分，就可以接得上本国语言演变的历史的线索。这就是说，语言有历史继承关系，不必划分古今汉语，因而可以写一部适用于古今汉语的语法。他的观点立刻遭到了方光焘的批评，方先生(1958)说，建立一时代的文法体系，应该以同时代的，用这言语的民众的共同意识为基础。文法体系的建立，和语源研究不同；若以单语的历史，作为建立体系的根据，那一定会引起许多无谓的纠纷。我不相信有一个可以通用于文言和语体的中国文法体系。

可以说，中国学者在区分语言的共时态和历时态这一点上形成了一致的意见。

(二)共时和历时的关系

关于语言的共时态与历时态的关系，索绪尔的看法是，两者一方面相互依存，另一方面，两者在系统性、重要性、方法、概念、规律等多个方面绝对对立，不容许有任何妥切，共时方面显然优于历时方面。

很多中国学者对索绪尔关于共时和历时的绝对对立的观点提出了批评。他们认为，索绪尔强调共时和历时的绝对对立，割裂了两者之间的联系，忽略了两者之间的转化。方光焘(1962)谈到，索绪尔把历时、共时对立起来，甚至说历时妨碍历时的研究，我们不能接受。王希杰(2004)则认为，任何共时态都有历时因素，历时中也有共时性，语言演变有个别要素的演变和系统的演变两种，而且两种是密切相关的，相互作用的。因此，忽视或排斥历时因素，是不利于共时研究的。

中国学者对索绪尔所持的共时和历时在系统性和非系统性上的对立不认同。高名凯(1963)指出，索绪尔站在历史比较语言学家们的原子主义观点的立场上去理解历时语言学，认为历时语言学只研究系统中的个别成分的演变，不是系统的演变。语言既是一个系统，语言在历史发展的过程中，就应当是前后不同的系统之间的演变，而不是个别的零星的语言成分的演变。徐思益(1980)同样批评到，索绪尔的历时不涉及系统的看法既否定了语言发展的历史规律性，也忽视了要素交替和系统调整的辩证关系。

也有一些学者支持索绪尔的主张。皮鸿鸣(1994)就认为索绪尔对共时的历时的关系认识表现出辩证的态度，共时和历时在认识论上的两分是相对的，在方法论上的两分才是绝对的。聂志平(1990)对一些批评意见进行了反驳。他认为，以前许多语言学家在批判索绪尔将语言共时态与历时态看作对立或不同的事实的观点时，常常好像是在阐述一条公理似的，都认为语言是历史发展的结果，因而对语言共时态的研究也少不了历时的说明。这种论调从表面上看是那么合情合理，而实际上则似是而非。它最根本的错误也一如索氏以前的语言学家那样，没有弄清语言到底是什么。历时的说明仅能讲清来源，有助于认清事物的性质，但它并不能证明共时态或语言本身是什么；所以，我们分析语言还必须从语言本身，亦即从语言共时态入手。

我们认为，一些学者对索绪尔的批评意见还是中肯的，共时和历时虽然对立存在，但不可把这种对立绝对化。这些学者批评的是索绪尔的绝对对立观而不是对立观，他们赞同索绪尔区分共时和历时并将共时置于优先研究的地位，认为只有立足于语言的共时性，才能科学地描写出一种语言的系统。他们同时主张在共时的研究中融入历时的研究，从而更好地推动语言的共时研究。

第二节 系统理论

系统理论是索绪尔具有独创意义的重大贡献，是使20世纪语言学不同于19世纪语言学的基石之一。索绪尔的系统理论包含价值理论和关系理论两个相互关联的部分，这两个部分的内容都未引起中国学者足够多的重视。中国学者对价值理论还处于消化吸收的阶段，大体形成了如下一些认识：语言的价值不同于语言的意义，价值由符号与符号之间的相互关系所决定，价值理论的核心思想为“语言是形式而不是实质”，价值理论有其深刻的理论意义，同时也有一定的局限。中国学者对关系理论讨论不多，一般认为价值在组合关系和聚合关系这两种关系中产生。

一、价值理论

索绪尔在《教程》中明确指出“语言是一个纯粹的价值系统，该系统是由它的各项要素的暂时状态所决定的。”该思想是索绪尔超越时代的深刻思想，对结构主义语言学的发展起到了根本性的作用，也是今天的语言学尚待发掘的丰富而深厚的理论遗产。“价值”在《教程》中出现频率极高，共计144次，全书四分之一篇幅谈及价值问题，设有《语言的价值》专章，且有关价值的观点渗透在《教程》的许多地方。

然而，一直以来，索绪尔的语言价值理论没能引起中国学者应有的重视(张绍杰、王克非 1997)。其原因可能是价值问题涉及语义，比较复杂，更直接的原因可能是《教程》本身没有讲清“价值”，索绪尔在论述价值时涉及具体实体、语言单位、同一性、现实性等若干概念，因而使整个价值概念比较晦涩。《教程》的编者薛施霭和巴利“很想正确地破解这个谜”(信德麟 1993)。20世纪80年代以后，中国才陆续有人撰文讨论这方面的问题。和其他问题的研究相比，价值理论的探讨还显得比较冷清，更多的学者在研究索绪尔语言学思想时对价值理论或者一笔带过(陈嘉映 2002；张延飞、张绍杰 2009)，或者根本没有提及(潘丽珍 1984；斐文 2003；申小龙 2009)。可以说，中国学者对索绪尔的价值理论还处于消化吸收的阶段，大体形成了如下一些认识。语言的价值不同于语言的意义，价值由符号与符号之间的相互关系所决定，价值理论有其深刻的理论意义，同时也有一定的局限。

(一)什么是语言的价值

索绪尔说价值由两个要素构成：(1)一种能与价值有待确定的物交换的不同的物；(2)一些能与价值有待确定的物相比的类似的物。他解释道，例如，要确定一枚五法郎硬币的价值，我们必须知道：(1)能交换一定数量的不同的东西，例如面包；(2)能与同一币制的类似的价值，例如一法郎的硬币，或者另一币制的货币(美元等)相比。同样，一个词可以跟某种不同的东西即观念交换；也可以跟某种同性质的东西即另一个词相比。因此，我们只看到词能跟某个概念“交换”，即看到它具有某种意义，还不能确定它的价值，我们还必须把它跟类似的价值，跟其他可能与它相对立的词比较。我们要借助于在它之外的东西才能真正确定它的内容。

中国学者一般认为，语言的价值包含两个部分，交换价值和比较价值。在这两种价值中，比较价值更为重要，是语言价值的实质。比较价值或者干脆说价值，它来自语言系统内部关系的差别和对立。肖娅曼(1993)这样说过：价值构成的要素一是符号与观念之间的交换关系，但据此还不能确定它的价值；二指符号与符号之间的关系，该关系建立在交换关系基础之上，是价值关系的实质。

(二)价值和意义的关系

索绪尔用较大的篇幅细谈了价值和意义这两个概念的区别和联系，旨在通过对比进一步阐述价值的内涵。在索绪尔看来，价值的地位远高于意义。而要将两者的关系阐释清楚也绝非易事，因为价值和意义所标志的区别很细微，容易相混淆。价值和意义的关系，在《教程》中表述为以下三点：价值与意义不同；意义依存于价值；价值是意义的一个要素。前两点被广为接受，第三点比较费解，索绪尔并未进行解释，中国学者也较少有人谈及这一思想。

1. 价值不同于意义

索绪尔提出，价值和意义虽然容易混淆，却是两个不同的概念。两个语言符号可以有相同的意义但未必有相同的价值。他用法语的 mouton 和英语的 sheep 二词作比较，认为两个词语在表示“羊”这个概念时意义相同，但两者价值不同，法语 mouton 是英语的 sheep 和另一个表示“羊肉”的词语之和。

这一看法中国学者普遍接受。不仅像索绪尔一样，认为不同的语言系统中，两个语言符号可以有相同的意义但未必有相同的价值。而且认为，同一语言系统中，两个符号可以有相同的意义而没有相同的价值。

跨语言谈价值不同于意义的例子，可参看鲍贵(2002)。他说汉语的“看”与英语的“see”都可以表示“使目光接触人或物”，比如汉语的看电影，英语可以说 see a film。但是，两者的价值不尽相同。see 在联想关系中与 watch、look at 甚至和 look after、read 相对立，因而具有自己独特的价值。汉语中的“看”却没有这种对立，因而价值不同。汉语中的看电视、看照片、看孩子和看书，在英语中则分别为 watch TV、look at a photo、look after a baby 和 read a book。

同一语言内部谈价值不同于意义的例子，可参看李明洁(2008)。他说：“及格”和“合格”有时候意义相同，但是“及格”大多出现在“优、良、中、及格、不及格”的序列里，而“合格”一般是相对于“不合格”而言的。两者的价值相差甚大。

对索绪尔的这一论述，张一平(2011)提出了异议。他说：索绪尔用法语的 mouton 和英语的 sheep 二词作比较，指出在一定程度上它们具有相同的意义但是并没有相同的价值，这个例子的最终目的是想说明意义和价值是不同的概念，但是索绪尔的这个例子还是有令人感到迷惑的地方。索绪尔称，法语的 mouton 和英语的 sheep，当它们都表示“羊”这种动物时，可以有相同的意义。但是法语的 mouton 和英语的 sheep 并不是完全同义，那么我们是否能够认为，法语的 mouton 和英语的 sheep 之所以价值不同，是因为这两个词不是完全的同义词。如果二者完全同义，则完全可以互换，那么，它们的价值也就相同了。这样，意义不就等同于价值了吗？

我们赞同张一平的这一思考，认为索绪尔所举的法语 mouton 和英语 sheep 对比的例子并不太恰当，反而给读者造成了困扰。两个意义完全相同的语言符号是几乎不存在的，或者数量非常之少，否则就会造成语言系统的冗余。索绪尔的本意是为了说明意义不同于价值，但说两个符号“可以有相同的意义”则并不容易。其实，这里的“可以”及“意义”都是不太好理解的。

抛开索绪尔的例证不谈，索绪尔对意义和价值的根本不同还是看得非常透彻的。意义产生于单个符号内部，是能指的对应面，而价值产生于符号与符号之间的关系。他给出了如下图示：

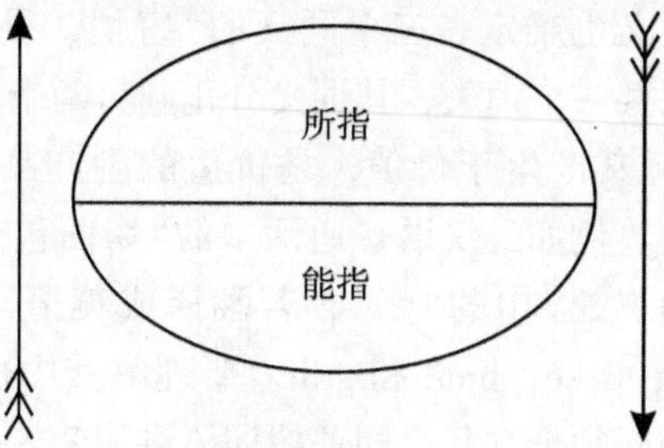

（意义图示）

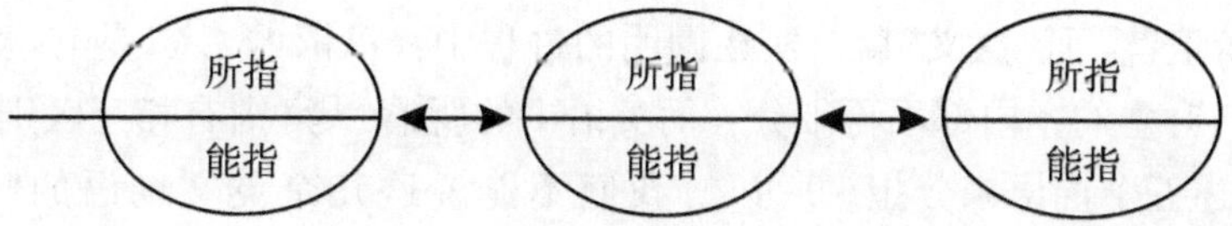

（价值图示）

中国学者对于价值和意义的根本不同理解得还是比较充分的。方光焘(1962)说，价值不能用以指孤立的东西，要有相互关系才有价值。价值产生于总体、体系。“茶”在中国社会里用来敬客，在西欧就不是如此。这种价值离不开社会总体。有了体系，有了相互关系，就有价值。“马”只有到了棋盘里才有价值，离开棋盘不过是一个棋子。而意义不见得有相互关系，一个能记总是有所记的，意义孤立时也是有的。李明洁(2008)认为，价值是相对于多个符号而言的，是符号与符号之间的关系；而意义则是对单个符号而言的。张绍杰(2004：124)、张一平(2011)均认为，从符号内部的纵向关系来看，价值和意义是等同的。但如果从符号间的关系即从横向的共存要素间的关系来看，价值和意义不是等同的，因为所指不仅仅是能指的对等物，同时也是共存要素的对等物。

2. 意义依存于价值

“意义依存于价值”这一点也被中国学者所接受，正如索绪尔所说“概念没有什么初始的东西，它不过是由它与其他类似的价值的关系决定的价值，没有这些价值，意义就不会存在”。

方光焘(1962)谈道：意义以价值为前提，以价值为基础，没有相互关系，意义也难定。三个同义的“害怕、畏惧、恐怖”，可以三分，也可以某一个消失，其词义分化到另两个词语中去。李明洁(2008)则说意义产生于价值，是价值的副产品。先确定价值，才能再确定意义。例如，汉语普通话中的“烤面包、烤火鸡、烤蛋糕、烤鱿鱼、烤鸡翅”中的“烤”，若翻译成英语，大致分别对应为：toast，roast，bake，broil 和 grill。要理解其中任何一个词在英语中的意思，都必须把这几个相关的词语讲清楚才妥当，我们不能“积极”地正面解释其中任何一个是什么意义，只能“消极”地说它不是其他几个词的意思。这种关系的解释就是在阐明各个词语的“价值”，而“意义”就落实在阐明的过程中：汉语的“烤”是与“蒸、煮”对立的，内部不再细分；而英语中的所谓“烤”则有相互区别的上述五个词语来分担。所以，我们不能说这几个英文词语的“意义”都等于汉语中的“烤”，而必须关注汉语中的“烤”和英文中的这几个词语在各自系统中与其他词语的关系，从而正确认定其“价值”。

鲍贵(2003)的理解比较特殊，他将价值和意义的关系视为一般和具体的关系，认为价值是构建意义的潜势。他说：“符号的价值与具体的言语语境无关，而意义却与广义的语境紧密相关，在不同的语境中符号的意义是不同的。以 sheep 为例，在不同的言语中，sheep 的指称意义是不同的，但是 sheep 之所以是 sheep 而不是 cow 或 dog，就是因为其价值是不变的。因此可以说，价值是类属的(generic)，意义则是具体的(specific)，两者是一般和具体的关系。……价值是构建意义的潜势。”这一观点源于 Thibaul(1997)，他说“价值是产生意义的潜能，它通过差别得以体现，这种差别存在于语言系统中的所有要素，是从具体使用中抽象出来的”。

3. 价值是意义的一个要素

关于“价值是意义的一个要素”这一观点，索绪尔没有进行具体的解释，也未见中国学者对此进行说明和阐发。这一点其实相当不好理解，它和“意义依存于价值”具有一定的矛盾性。

朱婷(2010)谈到了“价值决定意义”和“价值借助于意义”的矛

盾性，但只是轻描淡写一语带过，未能对矛盾的成因进行分析。戚雨村(2001)在谈到意义和价值的复杂关系时，提到了CoccIOp的考证，CoccIOp(1990：22)指出，索绪尔在论述意义时用了两个术语：signification和sens，前者无疑是指符号的意义，后者是不是指符号的使用意义呢？因不敢妄断就暂且译为“意思”。在索绪尔的手稿中有一处写着：“价值，这不是意义”；另一处却写着：“价值，这当然是意思的一个成素，但重要的是不要把意思看成价值之外的其他什么东西”。这种情况的出现不止一处，以致《教程》的两位编者也感到困惑。为了避免引起矛盾，在《教程》中只使用“意义”一个术语，甚至不惜把这一节原来的标题“要素的价值和词的意思”改为“从概念方面考虑语言的价值”。

(三)价值理论的核心：语言是形式而不是实质

语言是形式(forme)而不是实质(substance)是索绪尔的著名论断。其内涵可概括为：语言的价值由关系决定而不由声音实质和思想实质决定。正如索绪尔所言“语言要素不是积极地由它们的内容，而是消极地由它们跟系统中其他要素的关系确定的。它们的最确切的特征是：它们不是别的东西。”索绪尔用下棋的比方进行了很好的说明。他指出：(1)棋子的价值由它在棋盘上的位置决定的，同样，在语言里，每项要素都由于它同其他各项要素对立才能有它的价值。(2)棋子的价值与制作它的质料(substance)无关，而且，如果某个棋子损坏了或丢失了，还可以换另一个，甚至可以用与棋子毫无关系的东西代替，只要赋予它跟原来那枚棋子相同的价值，棋戏照常可以进行下去，语言系统中的单位的价值也与构成它的实质(声音实质和思想实质)无关。索绪尔的这一思想与恩格斯(1964)在《自然辩证法》中的观点极其一致，恩格斯明确指出：“在有机化学中，一个物体的意义以及它的名称，不再仅仅由它的构成来决定，而更多的是由它在它所隶属的系列中的位置来决定。”

我国多位学者将“语言是形式而不是实质”视为索绪尔价值理论的核心。杨茂勋(1986)认为“语言是形式而不是实质”概括了索绪尔的整个语言学说。而要认识“语言是形式而不是实质”则十分不易，只有懂得多种语言并将其加以全面精细地比较研究之后的人，才会形成这种深入的、本质的看法。甚至时至今日，也还有不少语言研究者，尚未理解并树立这种现代语言学所特有的根本观点。这就是在有的国家，传统语言学尚在流行，语言价值理论极少为人所理解和称道的主要原因。皮鸿鸣(1992)认为“语言是形式而不是实质”这一观点是语言学史上最富有革命性的观点。正是这一认识促进了语言研究的根本转变，也促进了哲学观点的重大转变。这一认识引导人们注意形式的结构与功能，而不再单纯把功能看作实体或内容的机能，不再把眼光仅仅集中在“本源”“本质”“主体”“客体”等古老的哲学范畴上，从而使“形式”“关系”“系统”“结构”等范畴的研究首先在语言学中，紧接着在文学、人类学及整个人文科学中受到普遍重视。

陈嘉映(2002)用清晰的例子对“语言是形式而不是实质”这一观点进行了说明。他赞同索绪尔的说法，认为能指和所指都是纯关系的东西。各种语言中颜色词的同异可以作为典型例子来说明所指是纯关系的。不管在某人眼前堆起多少件棕色的东西，他都不会学到棕色概念，除非他学会了区别棕色和红色、黄色等。同样，能指也是靠差别确定的。我们每个人说“高超”，语音语调都会有些差别，此时彼时也会有些差别，但人们都知道我们说的是同一个词，只要我们说出“高超”能与说出“高潮”“高唱”等明确有别就可以了。

至于索绪尔的“形式”该作何解，国内学者的看法没有根本分歧。许国璋(1983)《关于索绪尔的两本书》)认为“形式”是“关系的总和”。索振羽(1983)认为“形式”是“语言结构”，即人们实际说出的无数话语的结构模式。杨茂勋(1986)认为“形式”是“语言体系”或“语言结构”。李兵(1989)说“形式”是“符号之间的差别和对立”。

(四)价值理论的意义

索绪尔没有集中谈价值理论的重要意义，中国学者根据自己的理解提炼为如下几点。

(1)价值是确定系统中各单位的依据

高名凯(1963)认为索绪尔的语言价值理论是现代语言学各学派规定语言系统中各种单位(如音位、形位、词位、法位等)的理论基础。索振羽(1983)吸收了高名凯的这一意见。他指出，语言价值理论强调系统，注重形式，给关系以首要的地位，把语言看作由社会集体规定的一个共时价值系统。语言价值理论是索绪尔语言学理论的核心，它从理论上解决了确定特定语言系统中的单位这个复杂而困难的问题以及使语言学家懂得了分析语言就是找出特定语言系统中的单位并进而描写这些单位之间的关系。鲍贵、王立非(2003)同样持这一观点，认为价值不仅是语言系统的要素，也是单位划定(语言学的中心问题)的重要依据。价值相同的片段具有同一性，具有同一性的片段可归并为一个单位。价值不同的片段不具备同一性，则界定为不同的单位。索绪尔从差别入手，切分语链，依据价值的不同，析出语言系统的单位。这一方法具有科学性，为布拉格学派的代表任务特鲁别茨柯伊创立音位学理论和结构主义语言学所接受和证实。

(2)价值理论驳斥了“分类命名观”

方光焘(1962)指出，任何语词都有意义、有价值，两者很容易看作是相同的。假如同样看待，语言就会变成各种事物的名称表，变成“名簿”。为什么这样说呢？因为各种事物都有名称，其间各个独立，没有相互关系，记载下来就成了名簿。如果说价值等于意义，抽出了相互关系，意义就等于名簿里的东西。杜鹃(2012)指出，索绪尔提出语言的价值系统观，其目的不仅揭示了语言的本质，同时也批判了将语言看作由一个个孤立要素集合而成的分类命名集的错误观点。分类命名集观认为语言要素也是积极的，语言的实质是语言的基本要素自身与事物或概念的联系，它的内容由事物或概念规定，因而它们是积极要素。索绪尔认为，任何语言符号自身不能决定自身，而要由系统整体决定。

肖娅曼(2015)认为，中国学者对“索绪尔的价值理论是对传统语言学的分类命名观的批判”这一认识尚不充分，大家的理解仅仅是：分类命名观是以孤立的眼光看待语言，将语言看作孤立的词与词的集合，而价值观以系统的眼光看待语言，将语言看作符号与符号互相联系、互相规定的层级系统。这种理解未能抓住要害。她的看法是：价值观之于分类命名观本质上是一种理性主义对另一种理性主义的批判。有两种传统的分类命名观，第一种是经验主义分类命名观，认为语言产生之前，现成地存在着自身界限分明的客观事物，语言是为该事物一一贴上标签。索绪尔的“语言符号连接的不是事物和名称，而是概念和音响形象”的说法就是对经验主义分类命名观的批评。第二种是理性主义分类命名观，认为有现成的、先于词而存在的概念，语言作为词的集合体，就是为概念集合体一一对应地贴标签。索绪尔的价值理论所批判的分类命名观尤其指向理性主义分类命名观。索绪尔的主张是：语言产生之前，并不存在界限分明的概念，语言不是反映现成地存在着的概念，而是任意地创造着自己的所指和能指。语言任意创造自己的能指和所指，恰是语言作为纯粹的价值系统的根本原因。

(3)价值理论对结构主义影响深远

索振羽(1983)指出，索绪尔的语言价值理论给20世纪的结构语言学以深远的影响。特别是美国结构语言学继承并发展了索绪尔的语言价值理论，形成了一套严密的“发现程序”(discovery procedure)：确定特定语言不同层面的单位(在音位的层面上，通过音位变体归并确定音位；在语法的层面上，通过语素变体归并并确定语素)，进而描写这些不同层面的单位之间和层面之间的关系。从而使语言的共时分析成为一种颇为精密的科学。杨茂勋(1986)、赵日新(1996)也指出，价值理论奠定了结构主义语言学派的理论核心，促使结构主义语言学派的产生和发展。李明洁(2008)认为，“事件的意义不是由其本体决定的，而是取决于一个价值系统”这一观念所引发的整体论和结构化的思想对于科学研究和人类认知都产生了深刻的影响，结构主义不仅成为20世纪中期主要的语言学经典，更延伸到众多社会人文科学的领域。

(五)价值理论的局限

索绪尔未曾谈及这一问题，中国学者在高度称赞价值理论的同时也指出其中存在的一些问题。

(1)忽视事物的内在本质

方光焘(1959)认为，索绪尔只注意记号的共同性，就必然会抹杀语言各要素的质的特征。比方说声音是语言的要素，但索绪尔认为声音的本质不属于研究范围之内。他只注意示差，只问要素的对立关系，不问要素本身的质的特征。杨茂勋(1986)深刻指出，索绪尔的“语言是形式而不是实质”的观点有矫枉过正之弊，只承认语言中的功能差别，而否认产生这种功能差别所凭借的物质与心理的资料差别，即只承认抽象的音位与义位，只承认语言的纯粹结构，而否认体现它们的音位变体与义位变体。杨茂勋还谈到，索绪尔有时也已看出“物质要素”的重要性，例如他说：“抽象实在物，最后分析起来，总是以具体实在物为基础的。没有一系列物质要素做底层，任何语法抽象都是不可能的，最后总还是回到这些要素上。”但是，他降低了“物质要素”“基础”在语言中的极其重要的作用，误认为“它对于语言只是次要的东西，只是语言所使用的资料”，“它本身不可能属于语言”，因为“语言只要求有差别”。索绪尔这样偏颇地看问题，不但不易为人所接受，反而会使人误认为传统语言学只承认语言的语音与语义实体比索绪尔只承认语言的纯粹结构更为合理一些。实则这两种看法都违背事实，相当片面。

(2)强调形式轻视意义

索振羽(1983)指出，价值理论包含着一些消极因素，并且在实际运用中会遇到许多困难。索绪尔为了克服传统语言学滥用意义的缺陷，而强调形式的重要性。但是，他的一些后继者在强调形式时完全排斥意义，例如美国结构语言学家哈里斯就是一个“纯形式主义者”；哥本哈根学派的叶儿姆斯列夫把语言视为相互关系的纯粹系统，排除语言系统中的具体单位。正是这些极端的理论导致了结构语言学的衰弱。

二、关系理论

价值在关系中确立，关系是构成价值的基础。正如索绪尔所说：“在语言状态之中，一切都是以关系为基础的。”“语言各项要素间的关系和差别都是在两个不同的范围内展开的，每个范围都会产生出一类价值。”这里所谓的“两个不同的范围”便是指句段关系和联想关系。句段关系指一个词或一个句子里各个成分先后实际出现的关系，联想关系指储存在我们记忆中各个成分彼此可以替代的关系。索绪尔的关系理论深刻而不复杂，得到中国学者的普遍认同，未引起什么争议也未引起过多的讨论。在为数不多研讨关系理论的文章中，聂志平、皮鸿鸣的思考比较深入。

(一)联想关系和句段关系

索绪尔的联想关系被后来结构主义学者改称为聚合关系，主要是为了避免该术语的心理主义之嫌。句段关系相应地被改称为组合关系。

聂志平(1990)指出索绪尔的联想关系的所指范围远远大于聚合关系。索绪尔的联想系列有三种：根据相同的意义形成联想系列，根据相同的形式形成联想系列，根据相同的形式及意义形成联想系列。据此，聂志平将索绪尔的联系关系系统明确为如下三个部分：第一，形式或功能上有共同性，包括音位特征上的类聚，构词形态与构形形态的类聚及其有语法同一性的语法单位的类聚(词类)。第二，语义·词汇上的类聚——意义上有共同性。第三，言语表达上的类聚——形式、意义上都有共同性。

结构主义的聚合关系仅对应于第一部分。第二部分的类聚中，各个要素由于语义上的相似或相同而聚集为一个集合，这种语义词汇的思想，可以认为是特里尔语义场理论的先声。第三部分的类聚可视为同义手段的类聚。

聂志平同时指出，结构主义学者的组合关系实际上只是索绪尔句段关系的一部分，即与联想关系中第一个类聚相应的部分。依聂志平的理解，与联想关系的三个类聚相对的句段关系也可以分为三个部分：第一，纯语法的或只是形式类组合所形成的句段关系。第二，语义·语法组合式的句段关系，或次范畴搭配所形成的句段关系。如：汉语动词能和时态助词组合，但并不是每一小类动词都能和每个时态助词组合。第三，与言语环境及语义表达相适应的结构调整的一般规则。

(二)价值与关系

根据索绪尔的思想，句段关系与联想关系都能产生价值。

鲍贵(2003)指出，索绪尔对联想关系中的价值论述较多，对句段中的价值特征的论述很少，他认为，这主要是因为句段关系中的价值研究很难从差别的角度展开。

聂志平与鲍贵的看法不同。他认为，句段关系与联想关系是辩证统一的，两个角度产生的价值同样也是统一的。语言要素的价值仿佛有两个：一个在句段关系中实现，一个在联系关系中确定。而实质上，由于句段关系与联系关系是具体与一般、实现与潜在、应用或动态与备用或静态的关系，是辩证统一的。语言要素的价值便是这种辩证统一的结果。可以拿上海话与北京话中都有的“吃”作比较。北京话的“吃”只能与表示固体食物的词语搭配，而上海话中的“吃”的对象除了固体食物以外，还包括流体食物、液体饮料(如“吃粥”“吃水”“吃酒”等)，甚至还有气体(如“吃烟”等)。之所以有这种词语搭配方面的不同，是因为北京话的“吃”系列中还有“喝”“吸”，各有分工，而上海话这些搭配只有“吃”来承担。他进一步指出，句段关系和联想关系的理论，是将语言的最小单位确定为语素、“分布与替换”理论、句法场理论和语法分析中的语义特征分析法的理论基础，也开词汇语义学语义场理论的先河；它不仅可以用于语法分析，也可以用于语音、词汇、语义、修辞等其他语言层面，因此具有更高层次的概括性。它是语言共时研究的基础，也为基于共时研究的历时研究提供了依据。

皮鸿鸣(1992)则强调了句段的语言价值不仅体现在它的构成要素间的对立关系上，还体现在整体和部分之间的对立关系上。如：“火车”，其价值固然以“火”和“车”的对立为前提，但更重要的是：“火车”一方面跟“火”相对立，另一方面又跟“车”相对立，这才能体现出它的价值。分析汉语句子结构也是一样，若只求讲清句子成分和成分之间的关系，而不管整个句子和它的各个成分分别是什么关系，这些关系之间又是什么关系，就难以理解整个句子结构的价值。

陈嘉映(2002)指出，句段关系和联想关系适用于语言分析的各个层次，整个语言系统都可以通过这两种关系加以解释。

第三节　符　号　观

索绪尔整个语言理论体系的根基在于符号学，只有这样认识，才可以理解为什么索绪尔会集现代语言学之父和符号学创始人这两种身份于一身。然而，索绪尔语言符号观中的两大主要思想“语言是一个符号系统”和“任意性原则”在中国语言学界或只被部分接受或遭遇较大质疑。总体说来，索绪尔结构主义语言学思想被中国学者继承的同时，其语言符号观被忽略或抛弃。

一、语言是一个符号系统

(一)语言符号的构成

索绪尔认为语言符号由“音响形象”和“概念”两部分组成，为了表明两者对立统一的关系，他用能指和所指分别代替音响形象和概念。这一观点使语言摆脱了传统镜式语言观，成为独立于客体对象之外的自足体系。

汉语语言学界对索绪尔的这一重要思想进行了选择性接受，他们支持索绪尔对词物结合的分类命名观的批评，但把语言符号能指和所指之间的关系看成是语音与语义之间的关系，放弃了音响形象和概念这组术语。如国内通行的“语言学概论”课程的教材——叶蜚声、徐通锵(2010：23-24)主编的《语言学纲要》在谈到语言与符号的关系时说，将语言符号视为音和义的结合是目前学界比较通行的看法。语言符号的“音”是“人类发出的声音”，“义”是“对它所指代的一类心理现实的概括”。再如，索振羽(1995)指出，索绪尔从语言同质论出发，认为语言符号的两个部分都是心理的：能指是音响形象，所指是概念。我们不赞同他的看法，而是认为，能指是语音，所指是语义。

汉语语言学界之所以抛弃索绪尔的"音响形象"这一概念，主要是认为这一概念忽视了能指的物质因素。卢德平(2001)说，符号能指的物质质料在很大程度上决定着不同符号的系统属性，索绪尔在回避物质性这一问题上矫枉过正。申小龙(2009)的评论更具有代表性，他说，索绪尔认定符号的能指是听觉形象，肯定了能指在心理上抽象的音响功效，却舍弃了能指具体的物质材料。在索绪尔的思想中，能指本身的音响特征不重要，重要的是能指和别的能指的对立和差别。索绪尔用"不是什么"的关系性构造遮蔽了"是什么"的实体性特征，让符号在符号间巨大的差别之网中找到抽象自我的同时，消解了自身指物的本质特征。

但也有少数学者支持索绪尔"音响形象"这一概念，这些学者主要有李兵、鲍贵和肖娅曼。李兵(1989)认为，"音响形象"和"语音"的对立是"语言"和"言语"的对立。"音响形象"是一种观念化的语音表达，与语音的生理机制无关，与个人的发音行为无关，因此属于语言范畴。音响形象是高度抽象的观念化的语音心理模式。"语音"则具有物理和生理特征，是语言符号这一心理实体的物质化表达。语音还有依时性和偶然性特点，是发音器官生理机制的产物并能为个人所感知，因此，它是个人的，在本质上属于言语范畴。鲍贵(2007)指出，索绪尔用音响形象取代声音是为了将物质的东西排除在符号之外，两者的区别一定程度上体现为音位学和语音学研究的不同。肖娅曼(2013)反对将索绪尔的能指与所指分别对应于语音与语义，她认为这不单是一个术语问题，而是关涉语言观的根本问题。在索绪尔的观念中，能指有语音的物质性因素，但这不是能指的实质，在大脑中存在的具有抽象性质的形象才是实质。"语言是形式而不是实质"是索绪尔最为根本的观点，是其采用"音响形象"而非带有物质性的"语音"术语的内在根由。可以说，音响形象和概念这一对术语代表着索绪尔的符号价值系统观，而语音、意义这一对概念代表的是索绪尔所批判的传统的分类命名集语言观。根据肖娅曼(2015)的认识，分类命名集观有两种形式，一是经验主义分类命名观——语言产生之前，现成地存在着自身界限分明的客观事物，语言是为该事物一对一地贴上标签，二是理性主义分类命名集观——语言产生之前，有现成的、先于词而存在的概念，语言作为词的集合体，就是为概念集合体一对一地贴标签。语音、语义这对术语代表的就是理性主义的分类命名集观，是对索绪尔深刻的符号思想的不理解或者说是曲解。

(二)语言学与符号学的关系

索绪尔多次强调语言符号系统是一种特殊的符号系统。“语言学家的任务是要确定究竟是什么使得语言在全部符号事实中成为一个特殊的系统”。至于语言符号的特殊性是什么，索绪尔有这么一句很关键的话，“完全任意的符号比其他符号更能实现符号方式的理想”。

基于索绪尔的阐述，多数中国学者认为，语言符号在任意性上的典型表现确立了其在符号系统中的特殊地位。郭鸿(2001)、郭嘤蔚(2002)认为，语言之所以能成为符号系统中最重要的一个分支，正是因为语言符号的完全任意性，非语言符号的任意性不那么明显。张绍杰(2005：15)同样认为，任意性揭示了语言符号的根本属性，它不但是人类语言区别于动物语言的结构特征之一，也是区别于其他符号的显著特征。马壮寰(2008：103)指出，以任意性为基础的语言符号系统使语言的能指与其所代表的世界之间没有必然联系，因而使形式和意义的结合更加自由，而能指和所指的自由结合正是语言具有无限创造性的源泉，语言也因此可以更加灵活生动地表达可见或不可见的事物，表达复杂或抽象的事物。正是符号的完全任意性使语言系统在表达含义时具有诸多优势，成为了“最复杂、最广泛的表达系统，同时也是最富有特点的表达系统”。

肖娅曼(2006)和王永祥(2008)的剖析值得重视，他们认为语言符号和一般符号的能指和所指在任意结合之前的状态有所相同。一般符号的能指和所指在任意结合之前是预先存在的。例如，交通信号系统产生之前就有现成存在的“禁止通行”“可以通行”等用作所指的概念，也有已经存在的“红灯”“绿灯”等用作能指的具体事物。而语言符号在产生之前只有潜在的能指和潜在的所指，预先确定的观念和预先确定的音响界限都是没有的，两者在结合的瞬间才导致彼此划清界限。因此可以说，一般符号的能指和所指以“设定任意性”方式结合，而语言符号的能指和所指以“纯粹任意性”的方式结合。

小部分学者对这一问题有自己的不同认识。乐眉云(1994)认为语言符号系统主要在以下三个方面区别于其他符号系统：第一，语言实体的难辨认性；第二，能指的线条性。第三，语言符号系统的复杂性。陈先芝(2002)也认为语言符号的特殊性主要表现在系统的复杂性上和具有数不胜数的大量符号上。卢德平(2001)视角相对开阔，他认为，语言符号在所有符号系统里所处的地位是由几方面的因素决定的。一是语言符号在符号本质问题上所表现出的典型性；二是语言符号在与其他种类的符号并用时表现出的普适性特点，以及语言符号本身使用场合的普遍化；三是语言符号相对于其他种类的符号系统，在生成和传递上显得更经济，更可行。索绪尔对语言符号重要地位的认识，基本上是依据第一条因素的考虑，即依据语言符号在任意性和线性特征上表现出的典型性而确定的语言符号的首要地位。

值得强调的是，中国学者对语言学与符号学的关系这一问题关注不多，大多是在谈论其他问题时顺带提及，我们分析原因可能有二：一是中国尚未建立符号学这一学科，语言学家对涉及符号学的相关问题不太关心；二是对任意性的认识存在严重分歧，任意性原则反复遭到质疑。

二、任意性原则

语言符号的任意性问题是普通语言学的一个带有根本性的重大问题。索绪尔认为语言符号的任意性原则是头等重要的原则，它支配着整个语言的语言学。任意性原则是理解索绪尔整个理论体系的基点和始点。正因为如此，汉语语言学界对任意性的讨论十分活跃，特别是任意性原则引发了较大的争议，该争议一直持续至今。

(一)任意性的内涵

中国学者对任意性的内涵通常都理解为能指与所指之间没有必然的联系，两者之间不存在可以论证的关系。如：叶蜚声、徐通锵(2010：26)指出，语言符号的任意性就是指，作为符号系统的成员，单个语言符号的语音形式和意义之间没有自然属性上的必然联系，只有社会约定的关系。再如，车宁薇(2012)谈到，所谓任意性，是指语言符号的两个层面能指和所指的联系是任意的，或者说在语言符号的两个层面之间没有固有或逻辑上的联系。

为数不多的几位学者则认为，任意性实有两层含义，一是能指和所指“结合的任意性”，即两者之间无必然联系，这是对任意性浅近的理解；二是能指和所指“各自的任意性”，即不同的语言创造不同的能指和所指，这是任意性的深义。

陈嘉映(2002)注意到了语言可任意地创造自己的所指。他说，任意性原则的深义是：概念是对浑然未分的连续的现实任意划分的结果。简单从经验上说，各种语言的语词与概念并不一一对应，这一点就体现了任意性原则。这一点也可以从历时方面来看，所谓语词意义的转变，就是所指的转变，例如，“河”本来是指黄河，后来泛指河流；“虫”本来可泛指动物，现在不可以了。如果“符号的任意性原则”说的只是对现成的概念可以用任意的声音来指，那它就成了内容贫乏的老生常谈。这条原则的要义在于所指的任意性或创造性——每种语言都以特有的、“任意的”方式把世界分成不同的概念和范畴。正是基于这一要义，索绪尔强调这个原则是“头等重要的”。肖娅曼(2006)指出，按照目前大家对任意性原则的一般理解(能指与所指任意结合)是无法将语言与其他符号系统从理论上区分开来的，因为其他符号系统的能指与所指也都是任意的、不可论证的。那么，是什么决定了语言符号与其他符号系统的根本不同呢？肖娅曼认为是“纯粹任意性”。什么是纯粹任意性呢？肖娅曼在吸收陈嘉映意见的基础上，分析指出，任意性问题实际有三个方面，分为两个要素和一个结合。两个要素是能指和所指要素，一个结合是能指所指二要素的结合。任意性不仅是指结合的任意性，且在两个要素上都具有任意性，即语言任意的创造了自己的能指和所指。肖娅曼把后一种任意性称为“纯粹任意性”，认为正是语言的这种纯粹的任意性决定着语言是一个纯粹的价值系统，由此和其他符号系统区别开来。因为其他符号系统的产生，受到它产生前潜在所指和能指两方面既已存在的现实的规定，其任意性仅限于能指与所指的结合，不是纯粹的价值系统。持相同意见的还有王永祥(2008)。

李明洁(2008)也认为不仅能指和所指的联系是任意的，能指与所指也分别都是任意的，符号彻头彻尾只是一种形式而不是某种实体。李明洁的这一看法受到西方学者卡勒(1989：24-25)的影响。他在文中引用了卡勒的观点，“既然能指和所指之间的关系是任意的，既然用某个能指表示某个概念时并没有必然原因，因此，作为某个能指的所指(概念)，也就不必具有什么特殊的性质。与能指相联系的所指可以采取任何形式；它不必具备什么基本核心意义才有资格充当某个能指的所指。能指和所指之间的任意关系意味着，既然不存在固定的、普遍的概念，或者说固定的、普遍的所指，所指本身就是任意的；能指也是任意的”。

我们认为，上述几位学者对任意性内涵的理解是很深入的。多数学者之所以对这么重要的一个问题未及深思，将能指和所指结合的任意性等同于任意性的全部，与索绪尔的表述有直接的关系。索绪尔在“语言符号的性质”这一章里用“第一个原则：符号的任意性”这一小节专门讨论语言符号的任意性，该节里有一段观点非常明晰的话语：“能指和所指的关系是任意的。或者，因为我们所说的符号是能指和所指相联结所产生的整体，我们可以更简单地说：语言符号是任意的。”多数学者正是依据这段话将任意性理解为“结合任意性”的，20世纪下半期以来，很多对任意性原则提出质疑的学者，均是以“结合任意性”为争论前提的。然而，索绪尔还在“语言的价值”一章里专用一节“语言是组织在声音物质中的思想”对任意性问题进行了更为深刻的论述，他说：“这种结合产生的是形式，而不是实质。这些观点可以使我们更好地了解上面第102页所说的符号的任意性。不但语言事实所联系的两个领域是模糊而不定形的，而且选择什么音段表示什么观念也是完全任意的。”这段话里“语言事实所联系的两个领域是模糊而不定形的”实际上说的就是能指和所指各自的任意性。由于索绪尔对任意性的这部分论述包含在语言价值观之下，且观点不是那么外显，就被许多学者忽略了。

（二）任意性的意义

索绪尔将任意性原则视为语言学的第一大原则，他说：“任意性原则支配着整个语言的语言学，它的后果是不胜枚举的。”他紧接着说：“这些后果不是一下子就能看得同样清楚的；人们经过许多周折才发现它们，同时也发现了这个原则是头等重要的。”确实如他所说，任意性原则的意义不是显而易见的，中国学者经过深入思考，对任意性的支配性作用形成了这样的认识——任意性决定了语言符号是一个纯粹的价值系统。

聂志平(2001)指出，对于符号来说，因为它是任意的，所以它只能是系统的。因为能指与所指之间没有必然的联系，所以能指和所指只能在与其他符号的能指和所指的相互关系中，同时，符号本身也只能在与其他符号的相互关系中，以相互对立、相互区别的方式来确定自己。张绍杰(2004：126)也分析了任意性之于语言价值系统的意义。他认为，在索绪尔语言学中差别暗含着任意性的意思，不同语言的能指和所指的差异性，同一语言的能指和所指的差别，都说明语言是任意的。因此，从价值产生于任意的差别关系的意义上，我们可以说价值来源于系统。张绍杰(2013)在《语言机制对任意性的限制——语言系统运行机理探究》一文中对任意性的意义有了更为全面的考虑。他认为任意性是索绪尔语言学思想的认识论和方法论基础。从更深层的意义上讲，语言符号系统作为创造意义的资源，以任意性为基础，通过符号之间关系机制的运行规律使符号产生价值或意义，进而为人类使用符号进行交际提供可能。

申小龙(2009：264)的观点独具辩证色彩，在肯定任意性决定系统性的同时，指出系统性内在地要求任意性。他提出，任意性和系统性是语言符号互为因果、互为前提的两个基本属性。在索绪尔眼里，符号性意味着对现象的抽象整理，这一整理必然是系统性的。由于人文现象的庞杂性，符号化整理要获得系统性，必须彻底了断与人文现象的关联，建立自足的关系，这就导致对符号形式和所指意义的自然联系的否定。要施行这一否定非常不容易，索绪尔作了最大的努力以与传统的或者说世俗的音义关联观念作斗争。他实际上将作为符号的基本属性的抽象性与任意性紧紧联系起来，因为符号意义的抽象就意味着对客体的剪裁和舍弃，抽象后的符号既然不是客体的复制，当然无法和客体直观等同，索绪尔就宣布符号具有了任意性。

除此之外，还有学者认为，任意性决定了语言的多样性。周静芳(1985)、石安石(1989)、聂志平(1997)、裴文(2003：194)及岑运强、李海荣(2005)等都认为，任意性原则有力地解释了世界语言符号多样性的存在。

(三)任意性的质疑

自索绪尔的任意性原则提出以来，无论是在西方国家还是在中国，均遭到不断的质疑。根据陆丙甫、郭中(2005)的观点，任意性被质疑的一个很重要的原因是：语言的任意性观点在很大程度上误导或削弱了我们对语言进行深入探讨的可能性，因此它对我们追求语言的解释来说是一个十分消极的观点。中国学者对任意性原则的质疑主要存在于两个方面：一是认为任意性未被充分证明；二是认为任意性的地位不如象似性。

1. 任意性的证明

索绪尔认为语言单个符号的能指和所指之间没有必然的联系，这被多数中国学者所接受。但索绪尔对任意性的存在进行论证的某些思想遭到了批评，这些思想主要有：

第一，用不同语言词语的差异来说明任意性。许国璋(1988)指出，用不同语言里的词来说明任意性，其实这是不必要的。语言学家的责任是在说明能指与所指之间没有自然的联系。这个联系存在与否，凭一种语言即可以说明，不需要比较几种语言。李葆嘉(1994)严厉指出这种论证方式是索绪尔任意性论证中的一大失误。

申小龙(2009)分析了不宜用不同语言的差异来证明任意性的原因：同一概念在不同语言的词音形式的差异，可能只是不同理据的音义联系的表现，即“姐妹”“牛”在不同语言的不同叫法，各有其自身的理据。而这种理据，要在各语言内部的历史发展中探寻。我们不能用不同语言的词音差异来论证只属于同一语言系统内部的音义联系任意性。洪堡特曾经指出，月亮在希腊语的词音是 mēn，在拉丁语的词音是 luna 和 luc-na，我们却不能说“月亮”的音义结合是任意性的，因为这两个词分别强调或突出了月亮某方面的特征。mēn 的意思是“度量之物”，取义月亮衡量时间的功能；luna 的意思是“发光之物”，取义月亮的澄明状况。它们各有各的理据。

第二，只在共时语言学的截面上考察任意性。李葆嘉(1994)指出，索绪尔对所指和能指的关系不加历史的探讨，而以任意性一言蔽之，是其任意性论证中的一大失误。许国璋(1988)认为，原始社会时期人们可能采用“亚当式的任意命名”，而进入文明社会时期后，命名理当经过社会讨论而具有非任意的性质。胡壮麟(2009)指出，讨论任意性最理想的是拿这个理论来说明史前时期的口述语言，而我们对这一时期的语言的了解基本上是一片空白。索绪尔用所处时代的两种语言的不同来推论口述时代语言的任意性就只能是一个假设。陆丙甫(2005)指出，排除发展历史的共时描写的方法论，是导致任意性假设的主观原因。申小龙(2009：268)同样认为，任意性经不起本源的追问，只是索绪尔的理论假设。

第三，把理据的可选择性归入任意性。索绪尔的这一思想体现在对拟声词和感叹词的辩解上。他一方面承认这两类词显示了清晰的能指和所指的自然联系，是任意性的反例，但由于数量有限，不足以对任意性构成否定；一方面又试图降低这两类词身上的理据色彩。他说拟声词和感叹词在不同的语言中有不同的能指形式，这种选择在某种程度上已经就是任意的。这实际上是把理据的可选择性归入任意性，与索绪尔自己的思想是冲突的。大家都知道，索绪尔是把理据性置于任意性的对立面的，他明确表态，任意性的意思是“它是不可论证的”，换句话说，可论证性或者说理据性就是非任意性。所以，在索绪尔面对拟声词和感叹词的理据色彩而强行把理据的可选择性归入任意性时，用词是比较含混的，他说这是“某种程度上的任意性”。有些拥护任意性学说的中国学者干脆直接把任意性置于理据性之上，认为理据本身也是任意性，这其实是有违索绪尔本意的。如，王德春(2001)谈到，语言符号可以有理据，而理据本身也是任意的。裴文(2003：195)和赵刚(2004)均认为，拟声词恰恰也是一种学理上的任意，它不仅没有削弱语言符号任意性这一根本命题，倒是进一步反证了语言符号的任意性，而不同语言中存在的不同的拟声词更是一个有力的举证。岑运强和李海荣(2005)、王永祥(2008)同样认为，即使一种语言所有的根词都找到其理据，也不能推翻索绪尔的任意性，因为一换到别的语言，这种理据就不成立了。李葆嘉(1994)坚决反对上述态度，直言理据的可选择性不是任意性。

我们认为，上述三点批评是有道理的。考察能指和所指是否任意结合，应在同一语言内部进行，加以历史的探讨，与理据的可选择性划清界限。明确这些前提后，任意性能否依然成立呢？

裴文(2003：196)用丰富的同音词及同义词现象来说明能指和所指之间不存在必然的联系，这一论证其实并不可靠。申小龙的(2009：266)的反驳十分在理：同音异义也可能是不同的意义和同一词音有不同的联系，这些不同的联系各有其理据，而同义词严格地说又会在修辞、风格、语境上有细微的差别，这些差别对应着它们不同的词音形式，每一种对应都可能是有其理据的。

不难发现，能指和所指结合的性质若加以历史的探讨，结论难定。至少汉语而言，许多单个语言符号的能指和所指之间的关系是可以论证的。许国璋(1988)提出，中国传统的语言文字之学，其中心思想即是找出能指和所指之间的理性联系，对这种联系的追寻在东汉的《说文解字》和清代学者对这部书的注释中获得了成功。确实，汉语有两类语言符号是可论证的，一类是同源孳乳词，一类是以声象意词。同源孳乳词在汉语中大量存在，王力先生的《同源字典》就收同源字词3000多个。以声象意(申小龙2009：273)的词最常见的是模拟事物音响而产生的词，其范围大于拟声词。如：“火”之词音象“风火相薄”之声，“水”之词音象“急湍相激”之声，

"草"之词音象"履草"之声，"栗"之词音像"果裂"之声，"本"之词音象"击木"之声……章太炎曾分析汉语中鸟名的"物音"依据："何以言'鹊'？谓其音'即足'也；何以言'雀'？谓其音'错错'也；何以言'雅(鸦)'？谓其音'亚亚'也；何以言'雁'？谓其音'岸岸'也；……此皆以音为表音也。对此，聂志平(1997)认为，同源孳乳词反映的是语言符号与符号之间的可论证性，不是符号内部能指与所指之间的论证关系。而以声象意的词在一种语言中的数量微乎其微。两类词均不能对任意性原则构成威胁。索振羽(1995)则认为，虽然任意性语言符号是少数，但这任意性语言符号中最典型、最重要的是词根和根词，它们在构词中起重要作用，占有不可或缺的地位，最终决定着语言符号的性质。我们认为，聂志平和索振羽虽然是任意性原则的支持派，但并未否认汉语中很大一部分词是可论证的。

当然，汉语的同源孳乳现象放到普遍语言学范畴中是比较特殊的，语音象征在其他语言中也只是零星存在。申小龙(2009：276)提到，洪堡特曾指出德语中 st 开头的词音给人牢固、稳定的印象，例如 stehen(站立)、stätig(持久、稳定)、starr(僵硬、固定的)；德语中以 w 开头的词音给人不确定、摇摆、混乱的印象，例如 wehen(吹)、wind(风)、wolke(云)、wirren(混乱)、wunsch(希望)。这说明"产生相似印象的客体用基本相同的声音指示"。尽管语音象征不乏其例，但各个语言具有语音象征现象的语言符号的数量却为数不多，且很容易找到反例。

综上，我们所能得出的结论是且只能是：在普通语言学的范围内，语言符号的任意性难以证伪。当然，如果将任意性放在共时平面进行跨语言的对比，并置于理据的可选择性之上，任意性毋庸置疑是一条真理。选择任意性还是理据性作为语言符号的首要原则，标志着语言研究的不同范式，任意性与系统论绑定，理据性导向解释论。

2. 任意性与象似性

象似性根源于查尔斯·皮尔斯的符号学，是认知语言学的研究热点之一。根据皮尔斯的符号类型学，象似性指语言形式与它在世界上或者人类的感官世界中所代表的物体或概念之间的自然联系或相似性。

自认知语言学在20世纪晚期兴起以后，很多学者从象似性的角度对任意性原则提出了批评，反对“任意性原则支配语言学研究”的观点。这些学者包括胡壮麟(1994，1996、2009)、刘润清和张绍杰(1997)、王寅(1998，1999，2002，2003)、严辰松(1997，2000)、秦洪武(2001)、王艾录和司富珍(2001)、顾嘉祖(2001)、文旭(2001)、陆丙甫、郭中(2005)等。

王寅的观点最有代表性，他的观点集中体现在《论语言符号象似性——对索绪尔任意说的挑战与补充》一书中。王寅在书中总结了六种句法象似性：距离象似性、数量象似性、顺序象似性、标记象似性、话题象似性和句式象似性。其主要观点是：索绪尔所主张的任意性的观念过分强调了语言符号的内部关系，夸大了语言符号的任意性，语言符号的能指和所指之间的主要关系是象似的，而不是任意的，语言中的象似性程度大于任意性，在语言符号的能指和所指之间象似性具有自然的、本源的、主要的特征。王寅的观点在学界引发了任意性和象似性的大论战。由于语言符号任意性是索绪尔系统理论的支柱，因此，上述争论意义重大。

不少学者在这场争论中坚定的支持任意性原则。虽然他们的视角各不相同，但一致认为，只要不跳出索绪尔对任意性原则的基本界定和阐释，任意性原则始终是正确的。鲁苓(2001)指出，若沿用索绪尔语言符号的能指和所指概念来讨论两者之间的象似性问题，显然是难以成立的。索绪尔语言符号任意性原则在符号学概念体系内始终是成立的。郭鸿(2001，2004)认为，任意性普遍存在于语言符号内部的能指与所指之间的关系上，而象似性普遍存在于符号组合(语言结构)中。索绪尔的符号线性原则也能解释符号的象似性问题，用象似性否定任意性原则不具解释力。任意性与线性是一切符号系统最本质的特征，是结构主义符号学和语言学的支柱，不可动摇。赵刚(2004)认为，任意性原则与索绪尔的系统理论紧密相连，其整个理论体系开创了现代语言学，意义重大。张思锐、莫嘉琳(2006)从哲学立场出发，认为语言符号任意性所引发的结构主义方法论以及“主体搁置”等观点使得我们对传统哲学的诸多结论产生质疑，深远地影响了现代哲学的语言学转向的产生，在现代哲学的胚胎中孕育了后现代哲学思想的诸多元素，对21世纪的人文科学诸学科具有革命性的启示意义。

更多学者采取折中主义立场，认为象似性和任意性并不冲突。或者认为两者存在于不同的层面，象似性存在于复合词、派生词以及句法层面，任意性存在于单个符号中。或者认为任意性和象似性处于一个连续体的两级，两者相互依存。这些学者主要有朱永生(2002)、马壮寰(2002)、缪军、李翠平(2003)、顾嘉祖、王静(2004)、赵景春和高明霞(2006)、张绍杰和张延飞(2007)、付甜甜和童晓云(2009)、管月娥(2009)等。

虽说任意性和象似性在不同的语言层面占优势地位，各有其功能与作用。但诚如赵刚(2004)和顾海峰(2006)所说，不宜将两者并行而论，因为，两者的哲学背景和理论意义根本不同。语言符号任意观在客观主义哲学的背景下产生，反映在语言学中就是把语言看作是一个自足的、有内在法则的符号系统，其结果是语言系统与语言使用者及其所处的社会、文化的分离。象似观在体验哲学的背景下产生，反映在语言中就是把语言视为非自治的系统，认为语言的各个层面与人的体验以及现实之间存在着诸多象似性，强调语言系统与语言使用者及其所处社会、文化的密切联系。

我们认为，索绪尔理论体系中的相对任意性与象似性并无本质不同。但索绪尔将绝对任意性置于相对任意性之上而非认为两者均是语言符号的基本原则，这样才能由任意性原则推导出语言符号是纯粹的价值系统这一核心思想，由此，索绪尔的整个理论体系形成了逻辑上的互通和完整。任意性和象似性对于语言符号系统的产生和运作来说，都是必不可少的，但由于两者不是一个理论体系下的产物，不宜将之简单地统一起来。究竟是视任意性还是象似性为语言的基本原则，取决于是否将语言视为一个自足的封闭系统这一基本立场，或者说取决于研究范式是结构主义的还是功能主义的。

参考文献

鲍贵：《再论语言的价值》，《外语教学》2003 年第 2 期。

鲍贵、王立非：《对索绪尔语言系统价值观的诠释与思考》，《山东外语教学》2002 年第 3 期。

鲍贵：《从局部到整体的抽象：索绪尔的语言符号论》，《外语学刊》2006 年第 4 期。

鲍贵：《语言是社会事实——索绪尔的命题》，《南京工业大学学报》2007 年第 3 期。

布达哥夫著，石安石译：《符号—意义—事物（现象）》，《国外语言学》1981 年第 1 期。

布达哥夫著，王德春译：《符号—意义—事物（现象）》，《现代外国哲学社会科学文摘》1980 年第 6 期。

蔡祥元：《外与内的游戏——德里达如何解构索绪尔的结构主义思想》，《现代哲学》2012 年第 1 期。

Carol. Sanirs 著，潘丽珍译：《索绪尔语言学思想的形成》，《教学研究》1984 年第 1 期。

Catherine Garnier 著，董友宁译：《时枝城记与索绪尔之争》，《外语界》1983 年第 3 期。

岑麒祥：《普通语言学》，科学出版社 1957 年版。

岑麒祥：《语言学史概要》，科学出版社 1958 年版。

岑麒祥：《论语言学中的心理社会学派》，《语言学论丛》第 2 辑，1959 年版。

岑麒祥：《瑞士语言学家德·索绪尔和他的名著〈普通语言学教程〉》，《国外语言学》1980 年第 1 期。

岑麒祥：《语言学史概要》（修订版），北京大学出版社 1988

年版。

岑运强:《语言和言语、语言的语言学和言语的语言学》,《汉语学习》1994年第4期。

岑运强:《再谈语言和言语、语言的语言学和言语的语言学》,《井冈山师范学院学报》1996年第3期。

岑运强:《言语的语言学的界定、内容及其研究方法》,《北京师范大学学报》2000年第4期。

岑运强:《语言学概论》,中国人民大学出版社2003年版。

岑运强、程玉合:《殊途同归:言语的语言学——兼同刘大为先生商榷》,《修辞学习》2004年第6期。

岑运强、张鹏:《评〈语言符号是约定俗成的吗〉——兼论语言的起源、索绪尔语言符号任意性原则及其他》,《井冈山学院学报》2005年第1期。

岑运强、李海荣:《20世纪80年代以来国内索绪尔语言符号任意性研究评介》,《忻州师范学院学报》2005年第6期。

岑运强、陈秀娟:《对王文元批评索绪尔语言学的反批评——质疑〈语言的形而上学与文化属性不同抹杀〉》,《汕头大学学报》2007年第1期。

车宁薇:《索绪尔语言符号观评述》,《外国语文》2012年S1期。

陈嘉映:《索绪尔的几组基本概念》,《杭州师范学院学报》2002年第2期。

陈望道:《陈望道修辞论集》,安徽教育出版社1985年版。

陈望道:《修辞学发凡》,大江书铺,1932年版。

陈先芝:《再论索绪尔的语言符号观》,《淮北煤师院学报》2002年第4期。

陈香兰:《索绪尔与结构主义形成》,《太原大学学报》2005年第2期。

陈秀珠:《评索绪尔的语言观》,《语文论丛》第1辑,1981年版。

C. L. 诺尔曼著,王文干译:《索绪尔和索绪尔以前的语言学》,《国外社会科学著作提要》1982年第13辑。

丛聪:《论索绪尔对当代语言学的影响》,《山东省农业管理干部学院学报》2008年第3期。

崔希亮:《语言学概论》,商务印书馆2009年版。

董敏:《功能主义视角下索绪尔语言符号观述》,《西安外国语学院学报》2004年第4期。

杜鹃:《对索绪尔语言符号价值系统的理解与诠释》,《社科纵横》2012年第9期。

恩格斯:《自然辩证法》,《马克思恩格斯全集》,中央编译局译,人民出版社1964年版。

F. 霍勒著,林书武译:《语言的局限和言语的门槛:索绪尔和梅洛·庞蒂》,《国外社会科学》1984年第3期。

范晓:《语言、言语和话语》,《汉语学习》1994年第2期。

范晓:《关于语言、言语及其相关问题的思考》,《言语与言语学研究》,李宇明、萧国政主编,崇文书局2005年版。

方光焘:《语法论稿》,江苏教育出版社1990年版。

方光焘:《方光焘语言学论文集》,商务印书馆1997年版。

封宗信:《现代语言学流派概论》,北京大学出版社2006年版。

冯学锋:《二元属性与语言·言语及言语学》,《言语与言语学研究》,李宇明、萧国政主编,崇文书局2005年版。

冯志伟:《现代语言学流派》,陕西人民出版社1987年版。

复旦大学语言研究室:《陈望道语文论集》,上海教育出版社1980年版。

付甜甜、童晓云:《论任意性与象似性在语言符号系统中的地位和作用》,《陕西师范大学学报》2009年S1期。

傅华东:《请先讲明我的国文法新体系的总原则》,《中国文法革新论丛》,中华书局1958年版。

高名凯:《汉语语法论》,开明书店,1948年版。

高名凯:《普通语言学》,新知识出版社1957年版。

高名凯:《语法理论》,商务印书馆1960年版。

高名凯:《语言论》，科学出版社1963年版。

高名凯、石安石:《语言学概论》，中华书局1963年版。

高名凯:《德·索绪尔和他的〈普通语言学教程〉》，《语言学论丛》第6辑，1980年版。

高名凯:《高名凯语言学论文集》，商务印书馆1990年版。

葛本成:《〈普通语言学教程〉介评》，《河南大学学报》2000年第6期。

葛本仪:《语言学概论》(修订本)，山东大学出版社2004年版。

辜正坤:《对索绪尔和乔姆斯基的批评与语言学新定律》，《外语与外语教学》2004年第4期。

顾海峰:《国内语言符号任意性与象似性学术争鸣述评》，《四川外语学院学报》2006年第2期。

顾嘉祖、王静:《语言既是任意的又是非任意的——试论语言符号任意性与象似性的互补关系》，《外语与外语教学》2004年第6期。

顾兆禄:《关于索绪尔"语言是形式，而不是实质"的文本解读》，《江海学刊》2006年第3期。

管月娥:《从静态封闭走向动态开放的语言符号研究——任意性与象似性问题研究的方法论比较》，《外语与外语教学》2009年第8期。

桂灿昆:《索绪尔的语言学理论简述》，《外语教学与研究》1962年第4期。

桂灿昆:《索绪尔思想对美国结构语言学派的影响》，《中山大学学报》1963年第4期。

郭伯康:《索绪尔的语言观在中国的传播与中国现代语言学的发展——"现代语言学在中国"座谈会纪要》，《语言文字应用》1994年第3期。

郭鸿:《索绪尔的语言符号任意性原则是否成立?——与王寅教授商榷》，《外语研究》2001年第1期。

郭鸿:《索绪尔符号学与皮尔斯符号学的比较》，《中国外语》

2004 年第 2 期。

郭鸿:《索绪尔语言符号学与皮尔斯符号学两大理论系统的要点——兼论对语言符号任意性的置疑和对索绪尔的挑战》,《外语研究》2004 年第 4 期。

郭婷婷、游舒:《言语与言语学国际学术研讨会综述》,《语言文字应用》2003 年第 1 期

郭嘤蔚:《简评索绪尔对符号学理论的贡献》,《现代情报》2002 年第 5 期。

H. A. 康德拉绍夫著,杨余森译:《语言学说史》,武汉大学出版社 1985 年版。

韩宝育:《语言学概论》,西北大学出版社 2007 年版。

韩晓英:《索绪尔"词的复合结构消失"说质疑》,《陕西师范大学学报》2006 年第 2 期。

何兰:《关于索绪尔语言价值理论的重新诠释》,《外国语言文学》2008 年第 4 期。

禾木:《从所指/能指到能指/所指——论拉康对索绪尔二元论的批判》,《现代哲学》2005 年第 2 期。

黄智显:《语言学概论》,中央广播电视大学出版社 2005 年版。

胡明扬:《西方语言学名著选读》,中国人民大学出版社 1988 年版。

胡明扬:《语言学概论》,语文出版社 2000 年版。

胡晓研:《语言学概论》,东北师范大学出版社 2006 年版。

胡裕树:《重印〈中国文法革新论丛〉序》,《中国文法革新论丛》,陈望道等主编,商务印书馆 1987 年版。

胡裕树:《〈方光焘语言学论文集〉序》,《方光焘语言学论文集》,王希杰、卞觉非、方华主编,江苏教育出版社 1986 年版。

胡壮麟:《对语言象似性和任意性之争的反思》,《北京大学学报》2009 年第 3 期。

霍永寿:《从指称到表义:论索绪尔语言哲学的本质特征》,《外语学刊》2014 年第 2 期。

J. 卡勒著,张景智译:《索绪尔》,中国社会科学出版社 1989

年版。

金城：《索绪尔语言观与梅洛·庞蒂现象学语言观》，《成都大学学报》2010 年第 4 期。

金城、朱蓓蓓：《库尔特内和索绪尔语言思想比较》，《长春理工大学学报》2009 年第 6 期。

乐眉云：《索绪尔的符号学语言观》，《外国语》1994 年第 6 期。

乐眉云：《再论索绪尔的符号语言观》，《外国语》1997 年第 4 期。

李葆嘉：《国外对索绪尔符号任意性原则的批评》，《语言学通讯》1985 年第 3 期。

李葆嘉：《索绪尔任意性原则的含义是什么》，《语言学通讯》1987 年第 4 期。

李葆嘉：《论索绪尔符号任意性原则的失误和复归》，《语言文字应用》1994 年第 3 期。

李兵：《对索绪尔的音响形象及其相关概念的认识》，《新疆师范大学学报》1989 年第 3 期。

李晗蕾：《索绪尔任意性原则的零度阐释和过渡阐释》，《渤海大学学报》2005 年第 3 期。

李明洁：《价值、关系与系统——索绪尔价值理论的内涵及应用》，《中文自学指导》2008 年第 5 期。

李霓：《索绪尔的二元符号观和语义三角理论：继承与发展》，《外语学刊》2013 年第 6 期。

李曙光：《巴赫金哲学思想视域中的索绪尔与乔姆斯基语言学》，《外语学刊》2014 年第 2 期。

李巧兰：《皮尔斯与索绪尔符号观比较》，《福州师范大学学报》2004 年第 4 期。

李伟：《“系统决定意义”的哲学辨析——索绪尔〈普通语言学教程〉理论前提批判之三》，《河南师范大学学报》2011 年第 3 期。

李文新：《索绪尔的语言本体论刍议》，《外语学刊》2012 年第 2 期。

李宇明：《语言学概论》(第二版)，高等教育出版社 2008 年版。

李宇明、萧国政：《言语与言语学研究》，崇文书局2005年版。

李兆同、徐思益：《语言学导论》，新疆人民出版社1981年版。

刘富华，孙维张：《索绪尔与结构主义语言学》，吉林大学出版社2004年版。

刘大为：《言语学、修辞学还是语用学》，《修辞学习》2003年第3期。

刘富华、孙炜：《语言学通论》，北京语言大学出版社2009年版。

刘辉：《索绪尔与后期维特根斯坦：继承与超越——后期维特根斯坦语言哲学思想系列研究之一》，《外语学刊》2009年第3期。

刘江、岑运强：《索绪尔语言学思想在当代的理论价值研究——基于当代理论语言学研究转向的视角》，《外语学刊》2013年第4期。

刘润清：《索绪尔的语言理论》，《外语教学资料通讯》1992年第1期。

刘润清：《西方语言学流派》，外语教学与研究出版社1995年版。

刘叔新：《语言和言语问题的重新认识》，《刘叔新自选集》，河南教育出版社1993年版。

刘艳茹、张萍：《索绪尔意义理论的文本研究》，《吉林省教育学院学报》2008年第3期。

刘艳茹：《形而上的“价值”与形而下的“用法”——索绪尔与后期维特根斯坦意义理论比较研究》，《自然辩证法研究》2012年第2期。

刘耀武：《普通语言学教程》，黑龙江教育出版社1995年版。

刘宇红：《索绪尔符号学二元解构的合理性研究——兼谈索绪尔符号学与皮尔斯符号学的比较》，《俄罗斯文艺》2012年第1期。

吕红周：《索绪尔的语言系统观研究》，《外语学刊》2010年第4期。

吕红周、单红：《语言符号学：索绪尔遗志的继承与发展》，

《山东外语教学》2014年第2期。

吕叔湘：《中国文法要略》，商务印书馆1956年版。

吕文平：《解读索绪尔的语言价值理论》，《前言》2006年第6期。

卢德平：《索绪尔符号观再评价》，《中国青年政治学院学报》2001年第2期。

陆丙甫、郭中：《语言符号理据性面面观》，《外国语》2005年第6期。

陆俭明：《谈谈言语学》，《言语与言语学研究》，李宇明、萧国政主编，崇文书局2005年版。

陆学海、方华：《语法论稿》，江苏教育出版社1990年版。

罗兰·巴尔特著，董学文、王葵译：《符号学美学》，辽宁人民出版社1987年版。

罗兰·巴尔特著，李幼蒸译：《符号学理论》，三联出版社1988年版。

罗兰·巴尔特著，黄天源译：《符号学理论》，广西民族出版社1992年版。

罗兰·巴尔特著，王东亮译：《符号学原理》，三联出版社1999年版。

罗毅：《论索绪尔的"任意性"与汉语有形符号的特异性》，《西华师范大学学报》2004年第5期。

马庆振：《索绪尔语言系统观与汉语词汇研究》，《中国石油大学胜利学院学报》2009年第2期。

马壮寰：《任意性：语言的根本属性》，《外语研究》2002年第4期。

马壮寰：《索绪尔"语言系统"的多层含义》，《中国外语》2006年第5期。

马壮寰：《索绪尔语言理论要点评析》，北京大学出版社2008年版。

缪军、李翠平：《语言符号"象似说"和"任意说"的关系刍议》，《中国矿业大学学报》2003年第1期。

莫罗著，陈振尧译：《索绪尔〈普通语言学教程〉评注本序言》，《国外语言学》1983年第4期。

倪海曙：《春风夏雨四十年》，知识出版社1982年版。

倪巍、陈亮：《二元对立与系统价值——对索绪尔语言哲学的诠释与思考》，《华东理工大学学报》2004年第2期。

聂志平：《论语言共时态和历时态的区分》，《兰州大学学报》1990年第3期。

聂志平：《语言：语法系统 句段关系与联想关系——索绪尔语法学思想初探》，《齐齐哈尔师范学院学报》1990年第5期。

聂志平：《论语言符号的任意性和理据性——兼与李葆嘉先生商榷》，《学术交流》1997年第3期。

聂志平：《索绪尔〈普通语言学教程〉中的语言符号学思想》，《浙江师大学报》2001年第6期。

聂志平：《索绪尔语言理论中的两组区分与争议》，《青海师范大学学报》2002年第4期。

聂志平：《再论语言、言语的区分》，《语言与翻译》2004年第4期。

潘丽珍：《索绪尔语言学思想的形成》，《教学研究》1984年第1期。

潘庆云：《索绪尔为现代语言学奠定了基础》，《浙江师院学报》，1984年第1期。

裴文：《普通语言学教程》，江苏教育出版社2001年版。

裴文：《索绪尔：本真状态及其张力》，商务印书馆2003年版。

彭泽润：《语言理论》(第五版)，中南大学出版社2009年版。

皮鸿鸣：《索绪尔语言观的理论层次》，《武汉大学学报》1992年第2期。

皮鸿鸣：《索绪尔语言观的层次》，《武汉大学学报》1994年第2期。

皮鸿鸣：《索绪尔语言学的根本原则》，《武汉大学学报》1994年第4期。

契科巴瓦著，白兆麟译：《索绪尔的语言学说》，《淮北煤炭师范学院学报》1980 年第 4 期。

契科巴瓦著，白兆麟译：《评索绪尔的语言学说》，《淮北煤炭师范学院学报》1983 年第 1 期。

戚雨村：《索绪尔研究的新发现》，《上海外国语大学学报》1995 年第 6 期。

戚雨村：《索绪尔在世界和中国》，《中国文化与世界》1996 年第 4 辑。

戚雨村：《索绪尔符号价值理论》，《外语研究》2001 年第 2 期。

秦洪武：《语言结构的顺序象似性》，《外语研究》2001 年第 1 期。

R. H. 罗宾斯著，上海外国语学院外国语言文学研究所译，《语言学简史》，安徽教育出版社 1987 年版。

任虎林、吕亮球：《索绪尔语言学视野下的复杂句子处理新探》，《华北电力大学学报》2010 年第 5 期。

Saussure，F，de. Course in general linguistics. Translated by Wade Baskin. New York，London McGraw-Hill Paperbacks. 1959.

Saussure，F，de. Course in general linguistics. Translated by R. Harris. Beijing：Foreign Language Teaching and Research Press. 2001.

上海教育出版社编辑：《语言和言语问题讨论集》，上海教育出版社 1963 年版。

邵敬敏、方经民：《中国理论语言学史》，华东师范大学出版社 1991 年版

申小龙：《语言学纲要》，复旦大学出版社 2003 年版。

申小龙：《〈普通语言学教程〉精读》，复旦大学出版社 2005 年版。

申小龙：《语言符号二重性的实体特征及其差别性消解——索绪尔语言符号理论研究》，《北方论丛》2007 年第 3 期。

申小龙：《〈普通语言学教程〉精读》，复旦大学出版社 2009 年版。

郑远汉：《言语与言语学问题》，《言语与言语学研究》，李宇

明、萧国政主编，崇文书局2005年版。

石安石：《语言符号的任意性和可论证性》，《语文研究》1989年第4期。

斯大林：《论马克思主义在语言学中的问题》，《马克思主义和语言学问题》，人民出版社1964年版。

宋成方：《一词多义现象与索绪尔的语言符号观》，《解放军外国语学院学报》2007年第5期。

索绪尔著，高名凯译：《普通语言学教程》，商务印书馆1980年版。

索绪尔著，徐荣强译：《普通语言学教程》(连载)，《江汉语言学丛刊》1979年第1辑。

索绪尔著，张学曾译：《关于成立修辞学研究室的报告》，《修辞学习》1992年第3期。

索振羽：《德·索绪尔的语言价值理论》，《新疆大学学报》1983年第2期。

索振羽：《索绪尔的语言共时描写理论》，《语文研究》1994年第1期。

索振羽：《索绪尔及其〈普通语言学教程〉》，《外语教学与研究》1994年第2期。

索振羽：《索绪尔的语言符号任意性原则是正确的》，《语言文字应用》1995年第2期。

Thibault. P. J Re-reading Saussure the Oynamics of Signs in Social Life. London an New York Routledge 1997.

田星：《论雅各布森功能观对索绪尔“对立”原则的继承与发展》，《四川外语学院学报》2007年第2期。

屠友祥：《索绪尔第三次普通语言学教程》，上海人民出版社2002年版。

屠友祥：《索绪尔“符号学”设想的缘起和意图》，《浙江大学学报》2005年第5期。

屠友祥：《索绪尔手稿初检》，上海人民出版社2011年版。

屠友祥：《空无性与关系性：语言符号的根本特性——索绪尔

〈杂记〉发微》，《外语学刊》2013 年第 4 期。

W. 特伦斯·戈尔登著，咏男译：《索绪尔入门》，东方出版社 1995 年版。

丸山圭三郎：《索绪尔的思想》，岩波书店，1981 年版。

丸山圭三郎：《如何理解索绪尔》，岩波书店，1983 年版。

王艾录、司富珍：《与理据相关的两个理论问题》，《暨南大学华文学院学报》2001 年第 2 期。

王德春：《论语言单位的任意性和理据性》，《外国语》2001 年第 1 期。

王古鲁：《言语学通论》，上海世界书局 1930 年版。

王红旗：《语言学概论》(修改版)，北京大学出版社 2008 年版。

王克非：《追寻索绪尔语言学思想：读〈索绪尔第三次普通语言学教程〉》，《外国语》1997 年第 4 期。

王力：《中国现代语法》，中华书局 1954 年版。

王力：《中国语法理论》，中华书局 1954 年版。

王硕：《索绪尔"任意性"与"相对可论证性"解读》，《中南大学学报》2009 年第 6 期。

王文元：《语言的形而上学与文化属性不容抹杀——批评索绪尔〈普通语言学教程〉》，《汕头大学学报》2005 年第 6 期。

王希杰：《语言的语法分析和言语的语法分析》，《南京大学学报》1983 年第 4 期。

王希杰：《略论语言和言语及其相互关系》，《南京大学学报》1964 年第 1 期。

王希杰：《汉语修辞学》，北京出版社 1983 年版。

王希杰：《语言的语法分析和言语的语法分析》，《南京大学学报》1983 年第 4 期。

王希杰、卞觉非、方华：《方光焘语言学论文集》，江苏教育出版社 1986 年版。

王希杰：《修辞学新论》，北京语言学院出版社 1993 年版。

王希杰：《略论语言的词汇和言语的词汇》，《杭州大学学报》1993 年第 1 期。

王希杰：《抽象的词和句与具体的词和句》，《广西师范大学学报》1993年第3期。

王希杰：《深化对语言的认识，促进语言科学的发展》，《语言文字应用》1994年第3期。

王希杰：《语言本质的再认识》，《云梦学刊》1994年第4期。

王希杰：《语言和言语问题值得进一步研究》，《汉语学习》1994年第5期。

王希杰：《语法研究中的静态与动态》，《语法研究和探索》1995年第7辑。

王希杰：《修辞学通论》，南京大学出版社1996年版。

王希杰：《论显句和潜句》，《语法研究和探索》1997年第8辑。

王希杰：《语言的规范性和言语的得体性》，《语言教学与研究》1998年第1期。

王希杰：《修辞学导论》，浙江教育出版社2000年版。

王希杰：《语言的纯洁性和言语的纯洁性》，《锦州师院学报》2002年第5期。

王希杰：《把握真实的索绪尔，重视他的学术生命力》，《赣南师范学院学报》2004年第4期。

王希杰：《索绪尔学说和中国语法学的现代化——重读〈中国文法革新论丛〉》，《广西师范大学学报》2005年第1期。

王希杰：《作为方法论原则的零度和偏离》，《广西师范学院学报》2005年第1期。

王希杰：《语言和言语问题的对话》，《渤海大学学报》2005年第2期。

王希杰：《汉语修辞论》，当代世界出版社2006年版。

王希杰、钟敏：《四个世界理论的对话》，《王希杰和三一语言学学术研讨会》，2006年10月。

王希杰、孟建安：《关于得体性原则相关问题的讨论》，《淮阴工学院学报》2006年第4期。

王希杰：《〈三一语言学导论〉序二》，《三一语言学导论》，宁夏人民教育出版社 2008 年版。

王希杰：《语言、言语的区分与词汇学的研究对象》，《渤海大学学报》2008 年第 6 期。

王秀之：《索绪尔和乔姆斯基二分论的比较》，《沧州师范专科学校学报》2009 年第 4 期。

王寅：《标记象似性》，《外语学刊》1998 年第 3 期。

王寅：《论语言符号的象似性——对索绪尔任意说的挑战与补充》，新华出版社 1999 年版。

王寅：《论语言符号象似性》，《外语与外语教学》1999 年第 5 期。

王寅：《象似说与任意说的哲学基础与辩证关系》，《解放军外国语学院学报》2002 年第 2 期。

王寅：《象似说辨证说优于任意性支配说》，《外语与外语教学》2003 年第 5 期。

王永祥：《不可动摇的语言符号任意性原则——再读索绪尔〈普通语言学教程〉》，《四川大学学报》2008 年第 6 期。

魏育邻：《丸山圭三郎对索绪尔语言学手稿等原始资料的研究》，《解放军外国语学院学报》1999 年第 3 期。

魏育玲：《如何理解索绪尔的任意性》，《解放军外国语学院学报》2005 年第 1 期。

温金海：《本体论视阈下的语言哲学流变——从索绪尔到维特根斯坦》，《北方论丛》2011 年第 5 期。

吴为章：《新编普通语言学教程》，北京广播学院出版社 1999 年版。

吴云凤：《居斯塔夫 · 纪尧姆对索绪尔语言系统论的发展》，《法国研究》2008 年第 1 期。

伍铁平：《普通语言学概要》(修订版)，高等教育出版社 2006 年版。

向明友：《索绪尔语言理论的经济学背景》，《外国语》2000 年第 2 期。

萧国政：《现代语言学名著导读》，北京大学出版社 2009

年版。

肖娅曼：《纯粹任意性原则与纯粹的价值系统——纪念〈普通语言学教程〉发表90周年》，《四川大学学报》2006年6期。

肖娅曼：《一种理性主义对另一种理性主义的批判——索绪尔关于语言的“价值系统”观的哲学基础》，《中国社会科学院研究生院学报》2007年第1期。

肖娅曼、吕彦：《索绪尔语言符号的“能指”是什么——对我国语言学界“符号”观的批判》，《社会科学研究》2013年第6期。

肖娅曼：《〈索绪尔符号“价值”系统理论在21世纪的发掘与超越〉》，《四川大学学报》2015年第6期。

谢晶：《从符号的区分性到语言活动的同质性——梅洛·庞蒂语言哲学及其与索绪尔语言学之关系》，《云南大学学报》2005年第5期。

谢萌：《论“任意性原则”对语言系统的多维度诠释》，《外语学刊》2014年第2期。

谢少万：《洪堡特和索绪尔辩证语言观之比较研究》，《广西社会科学》2006年第3期。

辛斌：《索绪尔语言学理论的认知语言学解读——重读〈普通语言学教程〉》，《外语学刊》2013年第4期。

信德麟：《索绪尔〈普通语言学札记〉(俄文版)评介》，《国外语言学》1993年第4期。

邢福义、吴振国：《语言学概论》(第二版)，华中师范大学出版社2010年版。

徐德江：《索绪尔语言理论新探》，海潮出版社1999年版。

徐荣强：《索绪尔：现代语言学的奠基人》，《中南民族学院学报》1981年第2期。

徐思仪：《论语言的共时性和历时性》，《新疆大学学报》1980年第1期。

徐思益：《描写语法学初探》，新疆人民出版社1981年版。

徐思益、王希杰：《索绪尔、索绪尔学说和中国理论语言学》，《语言科学》2006年第2期。

徐思益：《王希杰对索绪尔学说的发展》，《西北第二民族学院学报》2007 年第 3 期。

徐志民：《索绪尔的语言理论》，《复旦大学学报》1980 年增刊。

徐志民：《索绪尔研究的新阶段》，《语文现代化》1983 年第 7 辑。

徐志民：《索绪尔语言理论在中国》，《语文导报》1986 年第 3 期。

徐志民：《欧美语言学简史》，学林出版社 1990 年版。

徐彦伟：《阿尔都塞的结构主义资源：从索绪尔到斯特劳斯》，《内蒙古民族大学学报》2007 年第 3 期。

许国璋：《关于索绪尔的两本书》，《国外语言学》1983 年第 1 期。

许国璋：《语言符号的任意性问题——语言哲学探索之一》，《外语教学与研究》1988 年第 3 期。

薛宁地：《汉语拟声词对索绪尔语言符号任意性观点的反证》，《汉字文化》2012 年。

严辰松：《语言临摹性概说》，《国外语言学》1997 年第 3 期。

严辰松：《语言理据探究》，《解放军外国语学院学报》2000 年第 6 期。

杨茂勋：《“语言是形式而不是实体”解说》，《厦门大学学报》1986 年第 4 期。

杨文秀、杨志亮：《论洪堡特与索绪尔的语言系统观》，《广东外语外贸大学学报》2009 年第 1 期。

杨信彰：《索绪尔的“语言”和“言语”理论》，《山东外语教学》1996 年第 3 期。

杨朝军：《索绪尔的符号学思想对外语学习的启示》，《语言与翻译》2004 年第 1 期。

杨忠：《索绪尔语言符号系统观的贡献与局限》，《外语学刊》2013 年第 4 期。

姚小平：《索绪尔语言理论的德国根源》，《外语教学与研究》

1993 年第 3 期。

严戎庚：《共时历时学说与现代汉语词汇研究》，《新疆大学学报》1990 年第 2 期。

叶宝奎：《语言学概论》(修订版)，厦门大学出版社 2002 年版。

叶蜚声、徐通锵：《语言学纲要》，北京大学出版社 1981 年版。

叶蜚声、徐通锵：《语言学纲要》(修订版)，北京大学出版社 2010 年版。

叶起昌：《语言之社会规范说与自然说：索绪尔与海德格尔语言观对比研究》，北京大学出版社 2013 年版。

叶起昌、赵新：《历时与共时中“时”之追问》，《外语学刊》2014 年第 2 期。

张凤、高航：《语言符号的任意性、象似性与理据——索绪尔的任意性观点和皮尔斯的象似性观点解读》，《山东外语教学》2005 年第 5 期。

张朋朋：《否定索绪尔的“音响形象”概念》，《汉字文化》2008 年第 1 期。

张绍杰、王克非：《索绪尔两个教程的比较与诠释》，《外语教学与研究》1997 年第 4 期。

张绍杰：《普通语言学教程：1910—1911 索绪尔第三度讲授》，湖南教育出版社 2001 年版。

张绍杰：《语言符号任意性研究：索绪尔语言哲学思想探索》，上海外语教育出版社 2004 年版。

张绍杰、张延飞：《语言符号任意性和象似性：相互排斥还是相互依存？——与王寅先生商榷》，《外语与外语教学》2007 年第 7 期。

张绍杰：《语言机制对任意性的限制“语言系统运行机理探究》，《外语学刊》2013 年第 4 期。

张延飞、张绍杰：《索绪尔语言哲学思想中几个核心概念的比较与诠释——读索绪尔〈普通语言学读本〉》，《东北师大学报》2009

年第 5 期。

张绍麒:《试论语词符号的二重性结构——兼评索绪尔关于区分语言和言语的观点的得与失》,《烟台师范学院学报》1992 年第 1 期。

张世禄:《语言学原理》,商务印书馆 1930 年版。

张思锐、莫嘉琳:《索绪尔符号任意性原则的论争及其哲学指归》,《陕西师范大学学报》2006 年第 3 期。

张树铮:《语言学概论》,武汉大学出版社 2012 年版。

张同俊:《索绪尔对 20 世纪语言学流派的影响》,《甘肃联合大学学报》2010 年第 5 期。

张先亮、聂志平:《语言学概论》,高等教育出版社 2011 年版。

张延飞、张绍杰:《索绪尔语言哲学思想中几个核心概念的比较与诠释——读索绪尔〈普通语言学读本〉》,《东北师大学报》2009 年第 5 期。

张一兵:《索绪尔与语言学结构主义》,《南京社会科学》2004 年第 10 期。

赵蓉晖:《索绪尔研究在中国》,商务印书馆 2005 年版。

张一平:《结构与结构——从索绪尔到德里达》,《外语学刊》2006 年第 4 期。

张一平:《对索绪尔语言符号价值系统的再诠释——兼评何兰〈关于索绪尔语言价值理论的重新诠释〉》,《外国语言文学》2011 年第 2 期。

赵刚:《语言符号任意性原则的所指——关于索绪尔语言符号任意性的思考》,《西安外国语学院学报》2004 年第 1 期。

赵宏宇、胡全生:《索绪尔语言学对 20 世纪西方文学批评理论影响原因探微》,《外语与外语教学》2008 年第 6 期。

赵景春、高明霞:《对语言符号任意性及象似性的再思考》,《东疆学刊》2006 年第 1 期。

赵日新:《从系统思想看索绪尔的语言学说》,《安徽教育学院学报》1996 年第 2 期。

赵世举：《从语言运用实际看建立言语学之必要》，《言语与言语学研究》，崇文书局 2005 年版。

朱婷：《间析索绪尔的语言价值理论》，《西安社会科学》2010 年第 2 期。

朱炜：《论索绪尔的差异原则和德里达的延异思想》，《外语学刊》2007 年第 4 期。

朱永生：《论语言符号的任意性与象似性》，《外语教学与研究》2002 年第 1 期。

后　记

这几年一直在和索绪尔相处，缘起于“西方语言学典籍研读”课程的设置和讲授，《普通语言学教程》成了枕边书。出乎意料的是，这么一本艰涩的书，不曾令我感到枯燥和疲乏，反倒越读越兴奋，深深地被索绪尔自成体系的独树一帜的理论思想所吸引。他洞悉历时比较语言学光芒背后的孱弱，执着于语言本质及其特征的思考，将语言视为能指和所指相结合的符号系统，从任意性原则导出语言符号系统各要素之间的关系重于要素本身的颠覆性结论。这一理论思想的深刻性和一般性不仅使索绪尔成为现代语言学的开创者，更是引发了西方整个社会科学领域的结构主义思潮。

索绪尔的学说令人赞赏，索绪尔的为人更是令人心生敬意。当接受法国授予的终身教授的荣誉意味着改变自己的国籍时，他毅然选择了放弃；当意识到历时比较语言学并未真正触及语言的本质时，他决然地脱离了主流学术圈孤军奋战；当建构的普通语言学理论迟迟不能令自己满意时，他悄然地将手稿塞进了抽屉拒绝出版。这样的索绪尔，晚年自是清冷，所有的荣誉姗姗来迟，迟至索绪尔过世半个世纪之久，这大抵是超越时代者的共同宿命吧。不过我以为，索绪尔也并不在意这些繁华，因为他是一位真正的学者，所执拗的是真理本身及对待真理的态度。

无法不崇拜索绪尔。希望自己能像索绪尔一样，纯粹、沉静、有所贡献。如果还有机缘，希望自己还能再去探索索绪尔学说的深义。

感谢武汉大学出版社白绍华编辑的帮助，感谢爱人对我的理解，赋予我工作很多积极的意义，感谢父母对我的支持，在年迈之际帮我分担照顾宝宝的责任。我愿把这本书视为送给亲人的礼物。